Hans Ritte

Schwedische Grammatik

Max Hueber Verlag

Verlagsredaktion: Angelika Strocka

CIP-Kurztitelaufnahme der Deutschen Bibliothek

Ritte, Hans:
Schwedische Grammatik / Hans Ritte. – 1. Aufl. –
München [i.e. Ismaning] : Hueber, 1986.
ISBN 3-19-005140-2

1. Auflage
3. 2. 1. | Die letzten Ziffern
1990 89 88 87 86 | bezeichnen Zahl und Jahr des Druckes.
Alle Drucke dieser Auflage können, da unverändert, nebeneinander
benutzt werden.
© 1986 Max Hueber Verlag · München
Gesamtherstellung: Pustet · Regensburg
Printed in Germany
ISBN 3-19-005140-2

Einleitung

Die **Schwedische Grammatik** beschreibt systematisch die wichtigsten Erscheinungen der schwedischen Grammatik und stellt ihnen zahlreiche deutsche Entsprechungen und Abweichungen gegenüber. Sie eignet sich deshalb besonders für Kursleiter, Kursteilnehmer und Selbstlerner *mit Deutsch als Vergleichssprache.* Durch die Einbeziehung der Ausgangssprache Deutsch werden die bekannten Mängel einsprachiger Grammatiken – unzureichende Erklärungen, fehlende Berücksichtigung des Schwierigkeitsgrades – vermieden. Die zahlreichen deutsch-schwedischen Beispiele für den Gebrauch der Präpositionen im Hauptteil und im Anhang der Grammatik bieten dem Benutzer eine zusätzliche Hilfe.

Das Buch kann im Unterricht als Zusatzmaterial zu dem Lehrwerk **Hej** eingesetzt oder unabhängig davon als Lern- und Beispielgrammatik benutzt werden. Die schwedisch-deutschen Gegenüberstellungen sind durch das Zeichen 🅂🅳 und einen kleineren Schriftgrad kenntlich gemacht.

Die Grammatik ist am heutigen Sprachgebrauch orientiert. Formen und Strukturen, die vom Standpunkt der modernen Sprachentwicklung veraltet sind, blieben unberücksichtigt. Die zahlreichen schwedisch-deutschen Beispielsätze ermöglichen es, die Stilhöhe der behandelten Erscheinungen zu beurteilen.

Die **Schwedische Grammatik** ist das Ergebnis langjähriger Unterrichtstätigkeit. Frau Barbro Börjesson-Heins in Stockholm hat als sprachliche Beraterin wertvolle Hilfe geleistet, wofür wir ihr herzlich danken.

Hans Ritte

Inhalt

I. Substantiv

1. Deklinationen

Singular	Plural	Genus	Paradigma	
I. -a	-or	Utrum[1]	flicka	– flickor (Mädchen)
II. –	-ar	Utrum	skog	– skogar (Wald)
-e	-ar	Utrum	pojke	– pojkar (Junge)
-o (...)	-ar	Utrum	bro	– broar (Brücke)
-å	-ar	Utrum	å	– åar (Fluß)
-ö	-ar	Utrum	ö	– öar (Insel)
III. –	-er	Utrum	katt	– katter (Katze)
-o (...)	-r	Utrum	sko	– skor (Schuh)
-e	-r	Utrum	fiende	– fiender (Feind)
–	-er	Neutrum	vin	– viner (Wein)
-i (...)	-er	Neutrum	parti	– partier (Partei)
–e	-r	Neutrum	fängelse	– fängelser (Gefängnis)
IV. -e (...)	-n	Neutrum	frimärke	– frimärken (Briefmarke)
-i (...)	-n	Neutrum	bi	– bin (Biene)
V. –	= Sing.	Neutrum	barn	– barn (Kind)
-are	= Sing.	Utrum	lärare	– lärare (Lehrer)
-er	= Sing.	Utrum	elektriker	– elektriker (Elektriker)
-ande	= Sing.	Utrum	resande	– resande (Reisender)

● Erläuterungen

Das Schwedische hat 5 Deklinationen, die sich durch eine charakteristische Zuordnung von Singular- und Pluralform unterscheiden. In den ersten drei Deklinationen finden sich in erster Linie Utra, in den beiden letzten vorwiegend Neutra.

Die früher manchmal begegnende Einteilung in 6 Deklinationen ergibt sich, wenn die Substantive, die im Plural nur ein -r anhängen, eine eigene Deklination bilden (nämlich die IV.), und die beiden folgenden Deklinationen als V. und VI. erscheinen. In der modernen schwedischen Grammatik hat sich aber die Einteilung in 5 Deklinationen durchgesetzt, d. h. die Pluralendungen -er und -r werden in der III. Deklination zusammengefaßt.

1 Bitte vergleichen Sie auf S. 12 (Genus)

I. Deklination *(flicka – flickor)*[2]

Ihr gehören in der Regel nur Substantive (Utra) auf **-a** an. Ausnahmen sind: *ros* Rose – *rosor, våg* Welle – *vågor, toffel* Pantoffel – *tofflor, åder* Ader – *ådror.*

II. Deklination *(skog – skogar)*

Ihr gehören an:

1. Einsilber (Utra) ohne Vokalendung, meist alten Ursprungs (wie *svensk* Schwede, *dag* Tag, *båt* Boot) sowie Substantive mit den alten Endungen *-ning, -ing, -lek, -dom, -er, -el* (wie *tidning* Zeitung, *släkting* Verwandter, *storlek* Größe, *egendom* Eigentum, *syster** Schwester, *fågel** Vogel). Ausnahme: *finger** Finger ist ein Neutrum.

2. Utra auf unbetontes **-e** (wie *pojke** Junge) oder auf einen langen Vokal (wie *bro* Brücke, *fru* Frau, *by* Dorf), darunter auch die Einsilber *ö* Insel und *å* Fluß.

III. Deklination *(katt – katter)*

Ihr gehören an:

1. Utra ohne Vokalendung, darunter viele Wörter aus jüngeren Sprachschichten (wie *biljett* Fahrkarte, *möbel** Möbel, *fil* Fahrspur, *grek* Grieche), ferner Substantive mit der Endung **-nad, -när, -else, -het, -ion, -skap, -ör, -or** (wie *kostnad* Aufwand, Kosten, *konstnär* Künstler, *händelse* Ereignis, *lägenhet* Wohnung, *station* Bahnhof, *kunskap* Kenntnis, *direktör* Direktor, *professor** Professor), ältere Substantive (Utra) mit Plural-Umlaut (wie *bok* Buch – *böcker*, tand* Zahn – *tänder, son* Sohn – *söner, stad* Stadt – *städer*).

2. Utra mit betonter oder unbetonter Vokalendung (wie *sko* Schuh, *vrå* Ecke, *stadsbo* Städter, *bonde** Bauer, *fiende* Feind).

3. Neutra ohne Vokalendung (wie *museum** Museum, *vin* Wein) bzw. mit Vokalendung: a. (betont) *parti** Partei, *kafé** Café, b. (unbetont) *fängelse** Gefängnis.

IV. Deklination *(frimärke – frimärken)*

Ihr gehören an:

Neutra auf unbetontes **-e** (wie *rike* Reich, *meddelande* Mitteilung) oder auf einen anderen Vokal (wie *öga** Auge), sowie Neutra auf betonten Vokal (wie *bi* Biene, *bo* Nest).

V. Deklination *(barn — barn)*

Ihr gehören an:

1. Neutra ohne Vokalendung (wie *hus* Haus, *träd* Baum, *problem* Problem) oder auf **-on** endend (wie *syskon* Geschwister, *helgon* Heilige(r), *lingon* Preiselbeere), sowie Neutra mit der Endung *-skap* (wie *landskap* Landschaft, *äktenskap* Ehe). *man* Mann hat im Plural Umlaut: *män.*

---

2 Schlagen Sie bitte unter ● **Besonderheiten der Bildung** nach, wenn ein Substantiv mit einem Stern versehen ist.

2. Utra auf **-are** (wie *lärare* Lehrer, Lehrerin, *läkare* Arzt, Ärztin, *italienare* Italiener) oder **-er** (wie *psykiater* Psychiater, *musiker* Musiker). Hierher gehören auch Verwandtschaftsbezeichnungen: *fader** Vater, *broder* Bruder.
3. Utra auf **-ande** (Präsenspartizip) (wie *resande* Reisender, *studerande* Studierender).

● **Besonderheiten der Bildung**

(I. Deklination) Von wenigen Ausnahmen abgesehen (vgl. oben), werden alle Substantive in dieser Deklination wie das Paradigma gebildet. Das Singular -a fällt bei der Pluralbildung weg.

(II. Deklination) Die auf unbetontes **-e** ausgehenden Substantive (wie *pojke*) verlieren dieses e, indem sie den Plural auf **-ar** bilden. Ist der auslautende Vokal betont, bleibt er erhalten (Beispiel *bro – broar*). Die nur aus einem Vokal bestehenden Substantive hängen die Pluralendung an diesen Vokal an *(ö – öar)*.
Die auf **-er, -el** oder **-en** endenden Substantive dieser Deklination verlieren das **e** bei der Pluralbildung: *syster* Schwester – *systrar, fågel* Vogel – *fåglar,* öken Wüste – *öknar. moder* Mutter und *dotter* Tochter haben außerdem Umlaut: *mödrar, döttrar.*

(III. Deklination) Die Substantive der **ersten Gruppe** bilden den Plural mechanisch. In einigen Fällen wird langer Vokal kurz, der auslautende Konsonant verdoppelt sich: *nöt* Nuß – *nötter, get* Ziege – *getter,* (mit Umlaut:) *fot* Fuß – *fötter, bok* Buch – *böcker.* (Dagegen bleibt das **o** in *son* Sohn lang: *son – söner.*) – Bei Substantiven, die auf **-el** oder **-en** enden, fällt das e aus: *möbel* Möbel – *möbler, sägen* Sage – *sägner.* – Substantive auf unbetontes **-or** im Singular verschieben den Akzent im Plural: *professor – professorer, dator* Computer – *datorer.* (Betonung des **o**.)
Die Substantive der **zweiten Gruppe** hängen regelmäßig nur ein **-r** an, *bonde* Bauer hat jedoch im Plural Umlaut: *bonde – bönder.*
Die Substantive der **dritten Gruppe** behalten, wenn sie auf betonten Vokal ausgehen, diesen bei: *parti* Partei – *partier.* Das gleiche gilt für das mit Akzentzeichen versehene **-é** *(kafé* Café – *kaféer),* während das unbetonte **-e** mit dem Plural-e zusammenfällt: *fängelse* Gefängnis – *fängelser.* Auf **-eum** bzw. **-ium** endende Substantive behalten im Plural nur den Vokal e bzw. i bei: *museum* Museum – *museer, studium* Studium – *studier.*

(IV. Deklination) Sämtliche Substantive (betonte oder unbetonte Vokalendung) benötigen zur Pluralbildung nur ein **-n**. Die Substantive *öga* Auge und *öra* Ohr vertauschen jedoch das auslautende **a** mit einem **o**; der Plural lautet also *ögon, öron.*

(V. Deklination) Die der **zweiten Gruppe** angehörenden Verwandtschaftsbezeichnungen haben im Plural Umlaut: *fader* Vater – *fäder.* Die Substantive *gås* Gans – *gäss, lus* Laus – *löss* und *mus* Maus – *möss* verlieren ihre Länge im Plural.

plan	1. *(en) plan* Plan, Platz, Spielfeld	III. Deklination
	2. *(ett) plan* Ebene (übertr. Bedeutung), Flugzeug	V. Deklination
ras	1. *(en) ras* Rasse	III. Deklination
	2. *(ett) ras* Erdrutsch	V. Deklination
nöt	1. *(en) nöt* Nuß	III. Deklination
	2. *(ett) nöt* Rind	V. Deklination
val	1. *(en) val* Walfisch	II. Deklination
	2. *(ett) val* Wahl	V. Deklination
pris	1. *(en) pris* Prise (Mengenbezeichnung)	II. Deklination
	2. *(ett) pris* Preis	III. Deklination
lag	1. *(en) lag* Gesetz	II. Deklination
	2. *(ett) lag* Mannschaft	V. Deklination

Pluralbildung von Substantiven auf **-an**

(en) fordran Forderung	Plural: *fordringar*
(en) befordran Beförderung	Plural: *befordringar*
(en) önskan Wunsch	Plural: *önskningar*
(en) predikan Predigt	Plural: *predikningar*

Abweichende Pluralbildung hat auch:

(ett) hopp Hoffnung	Plural: *förhoppningar*

Kollektive Bedeutung

Einige Substantive können auch in ihrer Singularform „eine größere Anzahl" bedeuten. Beispiele: *frukt* Frucht, Obst, *fisk* Fisch(e), *potatis* Kartoffel(n), *folk* Leute, *mygg* Mücken (bestimmte Form: *myggen*).
Beispiele: *Potatisen är färdig* (Die Kartoffeln sind fertig), *Hur var det med myggen?* (Wie war's mit den Stechmücken?)
Andere Substantive kommen nur im Plural vor: *pengar*[3] Geld, *glasögon* Brille, *kläder* Kleider.

---

3 Es heißt aber **mycket** *pengar* (viel Geld).

	Genus	*Deklination*
city City, Innenstadt	Neutrum	IV
jeans Jeans	Neutrum	V (nur Plural)
party Party	Neutrum	IV
baby Baby	Utrum	*bebisar* (nur Umgangssprache)[4]
trick Trick	Utrum	*tricks*
partner Partner	Utrum	V oder *partners*
container Container	Utrum	II, V oder *containers*
speaker Sprecher	Utrum	II, V oder *speakers*
broiler Masthuhn	Utrum	II, V oder *broilers*
hobby Hobby	Utrum	III oder *hobbies*

2. Kasus

Das Kasussystem ist im Schwedischen stark vereinfacht. Nominativ und Objektfall haben die gleiche Form; der Genitiv wird durch Anhängen eines -s an die unbestimmte oder bestimmte Form (→ bestimmte Form) gebildet.

	Singular	
	unbestimmt	bestimmt
Nominativ	flicka (Mädchen) barn (Kind)	flickan (das Mädchen) barnet (das Kind)
Genitiv	flickas (Mädchens) barns (Kindes)	flickans (des Mädchens) barnets (des Kindes)
Objektfall	wie Nominativ	

	Plural	
	unbestimmt	bestimmt
Nominativ	flickor (Mädchen) barn (Kinder)	flickorna (die Mädchen) barnen (die Kinder)
Genitiv	flickors (von Mädchen) barns (von Kindern)	flickornas (der Mädchen) barnens (der Kinder)
Objektfall	wie Nominativ	

---

4 Schriftsprache: småbarn, spädbarn.

Die alten Kasusendungen kommen z. T. noch in Zusammensetzungen vor. Beispiele: *varuhus* Kaufhaus, *barnavårdscentral* Jugendfürsorgeamt, *lärobok* Lehrbuch, *husesyn* Hausbesichtigung, *getabock* Ziegenbock. Außerdem sind die alten Endungen in formelhaften Wendungen erhalten. Beispiele: *till salu* zu verkaufen, *ta till orda* das Wort ergreifen, *hålla till godo* vorliebnehmen, *av ondo* vom Übel.

a. Genitiv

Das Schwedische wendet den sog. „sächsischen Genitiv" an. Beispiele: *Ett barns memoarer* (Die Memoiren eines Kindes, Titel der Selbstbiographie Selma Lagerlöfs), *De 1 000 sjöarnas land* (Das Land der 1 000 Seen), *Karins pappa* (Karins Papa). Daneben besteht aber auch die Möglichkeit, eine Präposition anstelle der Genitivkonstruktion zu verwenden. Beispiele: *störra delen av landet* (der größte Teil des Landes), *färgen på bilen* (die Farbe des Autos).
Bei den Bezeichnungen der schwedischen Universitäten entfällt das Genitiv-s, wenn die Universitätsstadt auf Vokal endet. Beispiel: *Uppsala universitet* (die Universität von U.). Demgegenüber heißt es *Stockholms universitet* (die Universität von St.).
Bei Substantiven, die auf -s, -x oder -z enden, entfällt das Genitiv-s. Beispiel: *Anders klasskamrat* (der Klassenkamerad von Anders).

b. Objektfall

Dativ und Akkusativ fallen im Schwedischen im Objektfall zusammen. Das Objekt des Satzes *Vi hjälpte mannen* (Wir halfen dem Mann) unterscheidet sich nicht vom Objekt des Satzes *Vi såg mannen* (Wir sahen den Mann), obwohl es sich vom Standpunkt des Deutschen um ein Dativ- bzw. Akkusativobjekt handelt.

3. Genus

Das Schwedische kennt bei den Substantiven nur zwei Geschlechter, das **Utrum** (nicht sächlich) und das **Neutrum** (sächlich).
a. Beispiele für Utra: *man* Mann, *fru* Frau, *häst* Pferd, *stol* Stuhl, *bil* Auto.
Zu den Utra gehören also Personen, Tiere und Sachen.
Beachten Sie: Für männliche und weibliche Personen gibt es verschiedene Pronomen (→ Pronomen).
b. Beispiele für Neutra: *barn* Kind, *helgon* Heilige(r), *vittne* Zeuge, *hus* Haus, *bord* Tisch, *får* Schaf.
Zu den Neutra gehören also neben Sachen auch Personen, deren Geschlecht nicht bekannt ist oder keine Rolle spielt, sowie Gattungsbezeichnungen von Tieren (→ Artikel).

4. Bestimmte Form

Diese Form entsteht durch Anhängen des bestimmten Artikels (→ Artikel) an die Singular- bzw. Pluralform des Substantivs.

Singular	Plural
I. flick<u>an</u> (das Mädchen)	flick<u>orna</u> (die Mädchen)
II. skog<u>en</u> (der Wald)	skog<u>arna</u> (die Wälder)
pojk<u>en</u> (der Junge)	pojk<u>arna</u> (die Jungen)
bro<u>n</u> (die Brücke)	bro<u>arna</u> (die Brücken)
å<u>n</u> (der Fluß)	å<u>arna</u> (die Flüsse)
III. katt<u>en</u> (die Katze)	katt<u>erna</u> (die Katzen)
sko<u>n</u> (der Schuh)	sk<u>orna</u> (die Schuhe)
fiend<u>en</u> (der Feind)	fiend<u>erna</u> (die Feinde)
vin<u>et</u> (der Wein)	vin<u>erna</u> (die Weine)
fängels<u>et</u> (das Gefängnis)	fängels<u>erna</u> (die Gefängnisse)
IV. frimärk<u>et</u> (die Briefmarke)	frimärk<u>ena</u> (die Briefmarken)
hjärt<u>at</u> (das Herz)	hjärt<u>ana</u> (die Herzen)
V. barn<u>et</u> (das Kind)	barn<u>en</u> (die Kinder)
lärar<u>en</u> (der Lehrer)	lärar<u>na</u> (die Lehrer)
elektriker<u>n</u> (der Elektriker)	elektriker<u>na</u> (die Elektriker)
resand<u>en</u> (der Reisende)	resand<u>ena</u> (die Reisenden)

● Erläuterungen

Innerhalb der V. Deklination ist die Bildung der bestimmten Form Plural nicht einheitlich. *lärare* Lehrer und *elektriker* Elektriker gehen wie die Substantive der ersten drei Deklinationen. Auch die Partizipformen wie *resande* Reisender hängen in der bestimmten Form Plural ein **-na** an.

● Besonderheiten der Bildung

Bestimmte Form Singular

Wenn das Substantiv auf einen Vokal endet, wird die bestimmte Form Singular mit Hilfe dieses Vokals gebildet, d. h. es wird nur ein **-n** bzw. **-t** angehängt. Beispiele: *pojk<u>en</u>* der Junge, *frimärk<u>et</u>* die Briefmarke.

Für Utra auf betonten Vokal gilt das gleiche (*by<u>n</u>* das Dorf), während Neutra auf betonten Vokal den bestimmten Artikel unverkürzt anhängen. Beispiele: *bo<u>et</u>* das Nest, *parti<u>et</u>* die Partei.

Bei Utra, die im Singular auf **-ör, -or, -er** oder **-el** enden, kommt in der bestimmten Form Singular nur ein **-n** hinzu. Beispiele: *frisörn* der Friseur, *professorn* der Professor, *semestern* der Urlaub, *flygeln* der Konzertflügel.

Neutra auf **-er, -el** oder **-en** lassen das **e** vor dem Konsonanten ausfallen. Beispiele: *lager* Lager – *lagret* das Lager, *segel* Segel – *seglet* das Segel, *vapen* Waffe – *vapnet* die Waffe. Neutra mit der Endung **-ium** oder **-eum** bilden die bestimmte Form Singular gewöhnlich ohne das **-um**. Beispiele: *gymnasium* Gymnasium – *gymnasiet* das Gymnasium, *museum* Museum – *museet* das Museum. Vergleichen Sie dagegen: *album* Album – *albumet* das Album.

Kontraktion: Einige Utra können in der bestimmten Form Singular verkürzt werden. Beispiele: *Gamla Stan* (= *Gamla Staden), verkstan* (= *verkstaden), dan* (= *dagen*; umgangssprachl. Gebrauch).

Einige auf **-n** endende Substantive sind unveränderlich, d. h. unbestimmte und bestimmte Form sind identisch. Beispiele: *önskan* Wunsch – der Wunsch, *fordran* Forderung – die Forderung, *befordran* Beförderung – die Beförderung, *begäran* Verlangen – das Verlangen, *examen* Examen – das Examen (Plural: *examina*).

Auslautendes einfaches **-m** oder **-n** wird durch Anhängen des bestimmten Artikels verdoppelt. Beispiele: *dröm* Traum – *drömmen* der Traum, *man* Mann – *mannen* der Mann.

Bestimmte Form Plural

Die bestimmte Pluralform von *öga* Auge und *öra* Ohr (IV. Deklination) ist unregelmäßig: *ögonen, öronen.*

Neutra mit der Pluralendung **-er, -el** oder **-en** (V. Deklination) bilden die bestimmte Form Plural unter Ausfall des **e**: *fönster* Fenster – *fönstren* die Fenster, *segel* Segel – *seglen* die Segel, *vapen* Waffen – *vapnen* die Waffen. Auslautendes **m** oder **n** wird verdoppelt: *rum* Zimmer – *rummen* die Zimmer, *män* Männer – *männen* die Männer.

Die Utra der V. Deklination auf **-are** und **-er** bilden die bestimmte Form wie die Utra der ersten drei Deklinationen durch Anhängen von **-na**. Dabei fällt bei den Utra auf **-are** das **e** aus: *lärarna* die Lehrer. Die Utra mit der Pluralendung **-ande** hängen ein **-na** an: *resandena* die Reisenden.

Einige Substantive der V. Deklination haben neben ihrer regelmäßig gebildeten Form auch eine stark umgangssprachliche Form, die an die IV. Deklination angelehnt ist. Beispiele: *barna* die Kinder (neben *barnen*), *träna* die Bäume (neben *träden*).

Verwendung der bestimmten/unbestimmten Form

Substantive erhalten die bestimmte Form durch Anhängen des bestimmten Artikels (→ Artikel). Sie haben diese Form auch, wenn der freistehende Adjektivartikel

(→ Adjektivartikel) hinzukommt. Beispiel: _Den gamla villan var tom_ (Das alte Haus war leer).

Unbestimmte Form hat das Substantiv, wenn es artikellos ist, oder wenn ihm der unbestimmte Artikel vorausgeht: _Villa att hyra_ (Haus zu mieten), _Vi köpte ett kylskåp_ (Wir kauften einen Kühlschrank).

In einigen Fällen hängt es von dem vorangehenden Adjektiv oder Pronomen ab, welche Form des Substantivs Verwendung findet.

Nach den Adjektiven _nästa_ (der, die, das) nächste, _samma_ (der, die, das) gleiche und _följande_ (der, die, das) folgende hat das Substantiv die unbestimmte Form: _nästa gång_ (nächstes Mal), _samma färg_ (die gleiche Farbe), _följande annons_ (folgende Annonce). Nach _enda_ (der, die, das) einzige, _sista_ (der, die, das) letzte und _förra_ (der, die, das) vorige hat es die bestimmte Form: _enda felet_ (der einzige Fehler).

Nach _denna_ diese, -r, _detta_ dieses und _dessa_ diese steht die unbestimmte Form des Substantivs, nach _den här_ diese, -r, _det här_ dieses und _de här_ diese die bestimmte Form (→ Demonstrativpronomen).

Nach einem Genitiv steht die unbestimmte Form des Substantivs: _barnens älsklingsrätt_ (das Lieblingsgericht der Kinder).

Wochentage, Jahreszeiten, jahreszeitliche Feste

Unbestimmte Form: _Vi ses på fredag_ (Wir sehen uns am Freitag), _Det är ovanligt varmt i sommar_ (Diesen Sommer ist es ungewöhnlich heiß), _Nu är det jul igen, nu är det jul igen_ (Jetzt ist wieder Weihnachten [Tanzlied]).

Bestimmte Form: _Fredagen den 7 mars_ (Freitag, der 7. März), _På fredagen anlände Portugals utrikesminister_ (Am [gestrigen] Freitag traf der Außenminister von Portugal ein), _På sommaren åker vi alltid ut till landet_ (Im Sommer fahren wir immer aufs Land), _Minns du julen 68?_ (Erinnerst du dich an Weihnachten 1968?), _På julen äter vi lutfisk_ (An Weihnachten essen wir [Stockfisch in Lauge]).

Das schwedische Deklinationssystem unterscheidet sich vom deutschen vor allem durch die Vereinheitlichung der Kasusendungen. Den vier Fällen des Deutschen stehen nur drei schwedische gegenüber, von denen zwei (Nominativ und Objektfall) außerdem übereinstimmen.

Genitiv
Das Genitiv-s, das im Deutschen nur im Singular vorkommt, erscheint im Schwedischen auch im Plural: _Barnens ö_ / Die Insel der Kinder (Titel eines Buches von P. C. Jersild). Der „sächsische Genitiv" des Schwedischen ist dem Deutschen zwar grundsätzlich vergleichbar, wird dort aber nur in poetischer Sprache verwendet. _De 1000 sjöarnas land_ wäre deshalb im modernen Deutsch nicht mit „Der 1000 Seen Land" wiederzugeben, obwohl beide Konstruktionen sprachgeschichtlich übereinstimmen, sondern mit „Das Land der 1000 Seen".
Im Hinblick auf das Deutsche ist auch zu beachten, daß das Schwedische nach einem

15

Genitiv nicht die bestimmte Form verwendet. Vergleichen Sie: *Barnens ö* / **Die** Insel der Kinder.

Anstelle eines im Deutschen verwendeten Genitivs steht im Schwedischen häufig eine Präposition als Verbindungsglied zwischen den beiden Substantiven. (Ähnliche Erscheinungen kennt die deutsche Umgangssprache, vergleichen Sie z. B. „das Auto von dem Mann" statt „das Auto des Mannes".) Beispiele:

orsaken till olyckan / die Ursache des Unglücks
en god vän till min far / ein guter Freund meines Vaters
änkan efter översten / die Witwe des Obersten
lösningen på gåtan / die Lösung des Rätsels
vid tiden för 30-åriga kriget / zur Zeit des 30jährigen Krieges
målet för vår resa / das Ziel unserer Reise
namnen på de tolv månaderna / die Namen der 12 Monate
i mitten på månaden / Mitte des Monats

Genitiv im Schwedischen – Präposition im Deutschen:
fem minuters väg / ein Weg **von** fünf Minuten
på 1000 meters höjd / in einer Höhe **von** 1000 Metern

Objektfall = Dativ

Folgende schwedische Verben können wie im Deutschen unmittelbar mit einem Objekt verbunden werden, dem im Deutschen ein Dativobjekt entspricht.

behaga / gefallen	*likna* / gleichen	*skicka* / schicken
fattas / fehlen	*lyda* / gehorchen	*tacka* / danken
förlåta / verzeihen	*låna* / leihen	*tjäna* / dienen
gagna / nützen	*motsvara* / entsprechen	*tillhöra* / gehören
ge / geben	*närma sig* / sich nähern	*tro* / glauben
gratulera / gratulieren	*passa* / passen	*önska* / wünschen
hjälpa / helfen	*skada* / schaden	

Präpositionalobjekt im Schwedischen = Dativobjekt im Deutschen

anförtro åt + Objekt / anvertrauen + Dativobjekt
berätta för + Objekt / erzählen + Dativobjekt
föredra framför + Objekt / vorziehen + Dativobjekt
förklara för + Objekt / erklären + Dativobjekt
lita på + Objekt / vertrauen + Dativobjekt
skriva till + Objekt / schreiben + Dativobjekt (bzw. schreiben an + Akkusativobjekt)
stjäla från + Objekt / stehlen + Dativobjekt
sälja till + Objekt / verkaufen + Dativobjekt (bzw. verkaufen an + Akkusativobjekt)
ta från + Objekt / nehmen + Dativobjekt
tala om för + Objekt / erzählen + Dativobjekt
överlåta åt + Objekt / überlassen + Dativobjekt
överlämna till + Objekt / überreichen + Dativobjekt

ge / geben, *ringa* / anrufen und *skicka* / schicken können entweder mit Präposition oder mit unmittelbar anschließendem Objekt verwendet werden.
Beispiele: *Ge henne boken = Ge boken till henne* / Gib ihr das Buch, *Han ringde henne = Han ringde till henne* / Er rief sie an.

Genus

Den zwei Geschlechtern des Schwedischen (Utrum, Neutrum) stehen drei Geschlechter im Deutschen gegenüber (Maskulinum, Femininum, Neutrum). Einem schwedi-

schen Utrum kann also (bei Personen) ein maskulines oder feminines deutsches Substantiv entsprechen, bei Sachen können sogar alle drei Geschlechter in Frage kommen. Bei Tieren gibt es übereinstimmend Gattungsbezeichnungen im Neutrum (neben den Bezeichnungen für das männliche oder weibliche Tier).
Beispiele: *höns* / Huhn (Neutrum), *höna* / Henne (Femininum), *tupp* / Hahn (Maskulinum)

Unbestimmte, bestimmte Form
Beide Sprachen unterscheiden zwischen unbestimmter und bestimmter Form. Der unbestimmten bzw. bestimmten Form eines schwedischen Substantivs entspricht aber nicht immer die gleiche Form im Deutschen.
Vergleichen Sie:
nästa gång / **das** nächste Mal
samma fel / **der** gleiche Fehler
Schweiz / **die** Schweiz (aber: *Turkiet* / **die** Türkei)
10 kronor styck / 10 Kronen **das** Stück
åka tåg / mit **dem** Zug fahren (aber: *åka med nattåget* / mit **dem** Nachtzug fahren)

II. Artikel

1. Unbestimmter und bestimmter Artikel

	Singular unbestimmter Artikel	bestimmter Artikel	Plural bestimmter Artikel	
Utrum	en	-en	Utr./Neutr.	{ -na
Neutrum	ett	-et		-a -en

● **Erläuterungen**

Der unbestimmte Artikel wird dem Substantiv, zu dem er gehört, vorangestellt, der bestimmte Artikel (Singular und Plural) hinten angehängt („suffigiert"). Im Singular gibt es zwei Artikelformen: Utrum und Neutrum, im Plural kommen drei Artikelformen vor (Zuordnung zu den Deklinationen: → bestimmte Form). Im Unterschied zum unbestimmten Artikel Singular Neutrum hat der bestimmte Artikel Singular Neutrum nur ein t. (Vergleichen Sie: _ett barn – barnet_.)

2. Adjektivartikel

Wenn beim Substantiv ein Adjektiv steht (Attribut), fügt das Schwedische einen weiteren Artikel hinzu, den sog. Adjektivartikel. Er steht vor dem Adjektiv. Das Substantiv steht in der bestimmten Form, d. h. zum Adjektivartikel kommt noch der angehängte (suffigierte) Artikel hinzu. Formen des Adjektivartikels:

	Singular	Plural
Utrum	den	de
Neutrum	det	

Beispiele: _den stora skogen_ (der große Wald) – _de stora skogarna_ (die großen Wälder), _det gamla trädet_ (der alte Baum) – _de gamla träden_ (die alten Bäume). Beachten Sie bitte: das Adjektiv hat hier die schwache Form (→ Adjektiv). Wenn der aus Adjektiv und Substantiv zusammengesetzte Begriff wie ein Eigenname benützt wird, entfällt der Adjektivartikel. Beispiele: _Vita huset_ (Das Weiße Haus in Washington), _Röda rummet_ (Das Rote Zimmer, Titel eines Romans von August Strindberg). Vor bestimmten Adjektiven (wie _nästa_ nächste, _sista_ letzte) kann der Adjektivartikel ebenfalls weggelassen werden.

Bei nachfolgendem Relativsatz entfällt der bestimmte Artikel: *Det röda hus som syns där borta är mycket gammalt* (Das rote Haus, das man dort sieht, ist sehr alt). Vergleichen Sie: *Det röda huset är gammalt.* – Steht das Substantiv, zu dem das Adjektiv gehört, bei einem Genitiv, wird der bestimmte Artikel ebenfalls weggelassen: *Mammas gula klänning* (Mutters gelbes Kleid).

Während das Deutsche im Singular drei bestimmte Artikel besitzt (Maskulinum, Femininum, Neutrum), besitzt das Schwedische nur zwei. Der männliche und weibliche Artikel des Deutschen fällt im Schwedischen im Utrum zusammen. Im Plural hat das Schwedische drei bestimmte Artikelformen, das Deutsche nur eine.
In Übereinstimmung mit dem Deutschen kommt der unbestimmte Artikel nur im Singular vor. Im Plural kennt das Schwedische wie das Deutsche nur den bestimmten Artikel.
Die Bildung der bestimmten Form des Substantivs durch Anhängen des Artikels ist dem Deutschen grundsätzlich nicht vergleichbar. Lediglich durch die Verwendung des Adjektivartikels ergibt sich eine gewisse Ähnlichkeit der Sprachen. Vergleichen Sie: *den stora skogen* / **der** große Wald. Vom Standpunkt des Deutschen ist aber der angehängte Artikel *(skogen)* in diesem Fall überflüssig.
Im Schwedischen kommt es vor, daß das gleiche Substantiv einmal ohne, einmal mit Artikel steht, wobei sich die Bedeutung verändern kann. In anderen Fällen hat das Weglassen des Artikels verallgemeinernde Bedeutung.
Beispiele:
1. *Han tog henne i handen* / Er nahm sie an der Hand
   Han tog henne i hand / Er gab ihr die Hand
2. *Han tar på sig en vit skjorta* / Er zieht ein weißes Hemd an
   Han bär (har) alltid vit skjorta och slips / Er trägt immer ein weißes Hemd und einen Schlips
3. *Han borstar tänderna* / Er putzt die Zähne
   Han hackar tänder / Er klappert mit den Zähnen
4. *Hon vände honom ryggen* / Sie wandte ihm den Rücken zu
   Han låg på rygg / Er lag auf dem Rücken
In Beispiel 1 verändert das Schwedische den Inhalt der Aussage nur durch Weglassen des Artikels. In Beispiel 2 wird auf die gleiche Weise eine größere Allgemeingültigkeit der Aussage erreicht. Das Deutsche behält den Artikel in allen Beispielsätzen bei.
Hinsichtlich der Verwendung des Artikels ergeben sich auch sonst Unterschiede, die besonders dann ins Gewicht fallen, wenn sich die Wendungen lexikalisch gleichen. Beispiele: 1. *på genomresa* / auf **der** Durchreise, 2. *gå på konsert*[5] / ins Konzert gehen, 3. *gå på jakt* / auf **die** Jagd gehen, 4. *i motsats till* / im Unterschied zu, 5. *under förutsättning att* / unter **der** Voraussetzung, daß, 6. *på utsatt tid* /zur festgesetzten Zeit, 7. *i regel* / in **der** Regel, 8. *i värsta fall* / im schlimmsten Fall, 9. *till förfogande* / zur Verfügung, 10. *med största nöje* / mit **dem** größten Vergnügen, 11. *mot bakgrund av* / vor **dem** Hintergrund von.
Vergleichen Sie dagegen: 1. *med stor möda* / mit großer Mühe, 2. *vid god hälsa* / bei guter Gesundheit, 3. *på bar gärning* / auf frischer Tat, 4. *i dåligt skick* / in schlechtem Zustand, 5. *i hög fart* / in hohem Tempo.
Hier lassen beide Sprachen den Artikel weg.

---

5 Vergleichen Sie demgegenüber *gå på teatern* (ins Theater gehen).

III. Adjektiv

Das Adjektiv hat eine starke und eine schwache Form.

1. Starke Form

	Singular	Plural
Utrum (Grundform) Neutrum	**stor** (große, -r) **stort** (großes)	**stora** (große)

Welche dieser Formen Verwendung findet, hängt von Genus und Numerus des Substantivs ab, zu dem das Adjektiv gehört.
Beispiele: 1. *en stor lägenhet* (eine große Wohnung), 2. *ett stort hus* (ein großes Haus), 3. *stora lägenheter (hus)* (große Wohnungen [Häuser]).
Beispiel 1: Substantiv **und** Adjektiv haben Utrumform. Beispiel 2: Substantiv **und** Adjektiv haben Neutrumform. Beispiel 3: **Beide** haben Pluralform (kein Unterschied zwischen Utrum und Neutrum). Der unbestimmte Artikel kann auch wegfallen (Annoncen, Schlagzeilen, Telegramme).
Die Neutrumform des Adjektivs wird in der Regel gebildet durch Anhängen eines **t** an die Grundform (= Utrumform).

stor (Grundform) + **t** = *stort* (Neutrumform)

● **Besonderheiten der Bildung**

Singularform des Adjektivs. Endet das Adjektiv bereits auf ein **-t**, erscheint in der Neutrumform **-tt**, der Stammvokal wird kurz. Beispiel: *våt* naß (Grundform, Utrum) – *vått* (Neutrumform). Ausnahme: *lat* faul ist unveränderlich. Bei vorausgehendem anderem Konsonanten sind Utrum- und Neutrumform gleich. Beispiele: *svart* schwarz (Grundform, Utrum) – *svart* (Neutrum), *brant* steil (Grundform, Utrum) – *brant* (Neutrum).
Bei auslautendem **-d** erscheint ein doppeltes Neutrum-**t** anstelle des **-d**, der Stammvokal wird kurz. Beispiel: *röd* rot (Grundform, Utrum) – *rött* (Neutrumform). Ausnahme: *späd* zart, klein ist unveränderlich. Bei vorausgehendem anderem Konsonanten bleibt langer Vokal lang, **d** wird zu **t**: *hård* hart (Grundform, Utrum) – *hårt* (Neutrumform), *kyld* gekühlt – *kylt*.
Die adjektivisch gebrauchten Partizipien auf **-ad** vertauschen das **d** mit einem **t**: *målad* gemalt (Grundform, Utrum) – *målat* (Neutrumform).
Endet das Adjektiv auf **-dd**, was besonders bei adjektivisch gebrauchten Partizi-

pien der Fall ist, werden die beiden -dd durch -tt ersetzt. Beispiel: *välklädd* gut gekleidet – *välklätt*. Ausnahme: *rädd* ängstlich (Grundform) – *rädd* (Neutrumform).

Endet das Adjektiv auf -tt, verändert sich die Grundform nicht. Beispiel: *välskött* gut gepflegt (Grundform) – *välskött* (Neutrumform).

Adjektive, deren Grundform auf Vokal endet, bilden die Neutrumform durch Anhängen von -tt. Beispiel: *ny* neu (Grundform) – *nytt* (Neutrumform). Langer Vokal wird dabei kurz.

Adjektive, die auf -n enden, ersetzen das -n durch das Neutrum-t. Beispiel: *liten* klein (Grundform) – *litet* (Neutrumform).

Ein als Attribut verwendeter Komparativ bleibt unverändert: *en större bil* (ein größeres Auto) – *ett större hus* (ein größeres Haus).

Die Pluralform des Adjektivs wird gebildet durch Anhängen von -a an die Grundform (Utrumform).

> *stor* (Grundform) + **a** = *stora* (Pluralform)

● **Besonderheiten der Bildung**

Adjektive, die auf Vokal enden, können das Plural-**a** weglassen. Beispiel: *hennes blå ögon* (ihre blauen Augen).

liten klein hat eine besondere Pluralform *små*. Beispiel: *två små flickor* (zwei kleine Mädchen).

Komparativformen bleiben im Plural unverändert. Beispiel: *en större lägenhet* (eine größere Wohnung) – *större lägenheter* (größere Wohnungen).

Endet das Adjektiv auf **-el, -en** oder **-er**, fällt bei der Pluralbildung das e aus. Beispiele: *enkel* einfach (Grundform) – *enkla* (Plural), *vacker* schön (Grundform) – *vackra* (Plural).

Als Adjektive gebrauchte Partizipien auf **-ad** bilden den Plural auf **-e**. Beispiel: *nymålad* frisch gestrichen (Grundform) – *nymålade* (Plural). Partizipien der starken Verben auf **-en** lassen das e ausfallen. Beispiele: *bortsprungen* entlaufen – *bortsprungna*. Ist der Stammkonsonant ein verdoppeltes **n**, fällt im Plural ein e und ein **n** weg: *försvunnen* verschwunden – *försvunna*.

> Inkongruenz

Die Pluralbildung bleibt aus in folgendem Beispiel: *Pannkakor är gott* (Pfannkuchen sind gut); gedanklich zu ergänzen ist hier: *någonting gott* (etwas Gutes). – Vergleichen Sie aber: *Folk är nyfikna* (die Leute sind neugierig), hier wird der Plural verwendet, obwohl es heißt *mycket folk* (viele Menschen).

Einige Adjektive passen sich nicht an Genus und Numerus des Substantivs an, von dem sie abhängig sind.

Unverändert bleiben: *bra* gut, *samtida* zeitgenössisch, *ringa* gering, *gratis* umsonst, *äkta* echt, *udda* ungerade, *öde* öde, *inrikes* Inlands-, *utrikes* Auslands-, *lagom* gerade richtig, *stackars* arm, bedauernswert, *gängse* gebräuchlich, *gammaldags* altertümlich, altmodisch, *kul* amüsant, lustig, *fjärran* fern, *enstaka* vereinzelt.

Als Adjektiv verwendetes Partizip

Die Partizipform, die zur Bildung des Perfekts und Plusquamperfekts verwendet wird, heißt im Schwedischen Supinum und ist unveränderlich (→ Supinum). Davon zu unterscheiden ist die veränderliche Partizipform (→ Perfektpartizip). Sie richtet sich wie ein Adjektiv nach dem Genus und Numerus des dazugehörigen Substantivs und wird in der gleichen Weise wie Adjektive verwendet. Bitte vergleichen Sie:

Supinum

Ön har försvunnit (Die Insel ist verschwunden = Perfekt)

Slottet har försvunnit (Das Schloß ist verschwunden)

Öarna (slotten) har försvunnit (Die Inseln [Schlösser] sind verschwunden)

Perfektpartizip

Ön är försvunnen (Die Insel ist verschwunden = Präsens)

Slottet är försvunnet (Das Schloß ist verschwunden)

Öarna (slotten) är försvunna (Die Inseln [Schlösser] sind verschwunden)

2. Schwache Form

Die Bildung der schwachen Form des Adjektivs (Singular und Plural) erfolgt durch Anhängen von **a** an die Grundform.

---

stor (Grundform) + **a** = *stora* (schwache Form)

Die schwache Form des Adjektivs erscheint, wenn das Substantiv, zu dem es als Attribut gehört, die bestimmte Form hat (→ Substantiv). Beispiele: *den gröna skogen* (der grüne Wald), *det röda huset* (das rote Haus).

Im Unterschied zur starken Form ist die schwache Form des Adjektivs unabhängig vom Geschlecht des dazugehörigen Substantivs. Vergleichen Sie: *den gröna tallriken* (der grüne Teller), *det gröna fatet* (die grüne Schüssel).

Der Plural der schwachen Form ist identisch mit dem Plural der starken Form. Vergleichen Sie: *de gröna skogarna* (schwache Form) – *gröna skogar* (starke Form).

Der schwachen Form des Adjektivs geht gewöhnlich der Adjektivartikel voraus; er kann in bestimmten Fällen aber auch entfallen (→ Artikel).

● **Besonderheiten der Bildung**

Adjektive, die auf -å enden, können die schwache Form ohne -a bilden. Beispiel: *det blå fatet* (die blaue Schüssel).

Adjektive, die bei einem maskulinen Substantiv stehen, bildeten die schwache Form früher immer durch Anhängen von -e (anstelle von -a). Beispiel: *den unge mannen* (der junge Mann). In der modernen Umgangssprache wird diese Regel kaum noch beachtet. Es heißt aber heute noch *Alexander den store* (Alexander der Große).

Das Adjektiv *liten* klein bildet die schwache Form Singular unregelmäßig. Beispiel: *den lilla flickan* (das kleine Mädchen). Vergleichen Sie: *en liten flicka* (ein kleines Mädchen). Die Pluralform ist *små* (schwache und starke Form).

Komparative bleiben unverändert: *den större biten* (das größere Stück), *de större bitarna* (die größeren Stücke). – Superlative werden wie andere Adjektive behandelt, wenn sie ohne a gebildet sind (wie z. B. *äldst*). Beispiel: *den äldsta kvinnan* (die älteste Frau), *de äldsta kvinnorna* (die ältesten Frauen). Wenn sie dagegen auf -ast enden, wird die schwache Form durch Anhängen von -e (also nicht von -a!) gebildet (Singular und Plural):

$$billigast + e = billigaste$$

Beispiele: *Jag tar den billigaste pennan* (Ich nehme den billigsten Schreiber), *Jag tar de billigaste apelsinerna* (Ich nehme die billigsten Orangen).

Im übrigen gelten die gleichen Regeln wie bei der Pluralbildung der starken Form (→ starke Form), also Ausfall des e bei Adjektiven auf -el, -en oder -er, Anhängen von -e anstelle von -a bei Partizipien auf -ad. Beispiele: *den enkla formen* (die einfache Form), *det nymålade staketet* (der frisch gestrichene Gartenzaun).

Die unveränderlichen Adjektive kennen den Unterschied zwischen starker und schwacher Form nicht. Beispiel: *en samtida författare* (ein zeitgenössischer Verfasser) – *den samtida författaren* (der zeitgenössische Verfasser).

Weitere Anwendungsbereiche der schwachen Form.

a) Anrede: *Kära Agneta* (Liebe Agneta), *snälla du* (meine Liebe, mein Lieber!)
b) Nach einem Possessivpronomen: *min gamla bil* (mein altes Auto)[6]
c) Nach einem Genitiv: *Pers gamla cykel* (Pers altes Fahrrad)
d) Nach *detta* oder *denna*: *denna vackra bild* (dieses schöne Bild)
e) Nach einem Relativpronomen: *–, vars lilla dotter* (–, deren bzw. dessen kleine Tochter)

---

6 Ausnahme: *egen (eget)* behält die starke Form bei: *min egen bror* (mein eigener Bruder).

Adjektiv in attributiver und prädikativer Stellung

a. Das Adjektiv kann bei einem Substantiv als Attribut des Substantivs stehen. In diesem Fall kann es stark oder schwach sein. Beispiele: *Hon har en röd klänning* (Sie hat ein rotes Kleid), *Hon köpte den röda klänningen* (Sie kaufte das rote Kleid). Von Ausnahmen abgesehen steht es **vor** dem Substantiv, zu dem es gehört.

b. Es kann als Prädikatsergänzung zum Verb (Prädikat) des Satzes gehören. Beispiele: *Min bil är röd* (Mein Auto ist rot), *Mitt hus är rött* (Mein Haus ist rot). In diesem Fall kann es nur in der starken Form auftreten, d. h. es ist abhängig von Genus (Utrum, Neutrum) und Numerus (Singular, Plural) des Subjekts. Das gilt auch, wenn es als Prädikatsergänzung hinter einem Objekt steht. Beispiel: *Det gjorde dem ledsna* (Das machte sie traurig). Auf unveränderliche Adjektive (vergleichen Sie oben) trifft diese Regel ebensowenig zu wie auf Komparative und Superlative. Beispiele: *Föreställningen är gratis* (Die Vorstellung ist kostenlos), *Flyget är gratis* (Der Flug ist kostenlos), *Min bit är större* (Mein Stück ist größer), *Mitt garage är större* (Meine Garage ist größer), *Din klänning är snyggast* (Dein Kleid ist am schönsten), *Dina kläder är snyggast* (Deine Kleider sind am schönsten).

Substantiviertes Adjektiv

Adjektive können substantiviert werden, indem *det* der schwachen Form vorangestellt wird. Beispiel: *det goda* (das Gute). Der Genitiv wird auf **-s** gebildet. Beispiel: *det godas seger* (der Sieg des Guten). Durch Voranstellen von *den* entsteht ein maskulines bzw. feminines Substantiv, je nachdem ob **-e** oder **-a** hinzugefügt wird. Beispiel: *den gamle* (der Alte), *den gamla* (die Alte). Der (nicht geschlechtsspezifische) Plural wird durch vorangestellten Artikel und angehängtes **-a** bzw. nur durch angehängtes **-a** gebildet. Beispiel: *de gamla* (die Alten), *unga och gamla* (Junge und Alte).

Die Substantivierung von Adjektiven ist in der Umgangssprache auch durch Anhängen von **-is** möglich. Beispiele: *fegis* Feigling, *tjockis* Dickerchen.

Ⓢ
Ⓓ

Das Deutsche kennt ebenfalls die starke und schwache Form des Adjektivs. Wenn das Substantiv, bei dem das Adjektiv steht, unbestimmt ist, verwenden beide Sprachen die starke Form. Vergleichen Sie: *en stor äng / eine große Wiese; ett stort slott / ein großes Schloß*.

Im Schwedischen sind Grundform und (starke) Utrumform des Adjektivs im Singular identisch, während im Deutschen die starke Form durch Erweiterung der Grundform gebildet wird. Vergleichen Sie: *stor* (Grundform) = *stor* (starke Form; Utrum)/groß (Grundform) – große, großer (starke Form; feminin, maskulin).

Bei **prädikativem** Gebrauch steht im Schwedischen die **starke** Form des Adjektivs, im Deutschen die Grundform. Vergleichen Sie: *ängen är stor* / die Wiese ist groß, *slottet är stort* / das Schloß ist groß, *ängarna är stora* / die Wiesen sind groß, *slotten är stora* / die Schlösser sind groß.

Das Schwedische kennt im Gegensatz zum Deutschen keine starke Form des Komparativs. Vergleichen Sie: *en större våning* / eine größere Wohnung, *ett större hus* / ein größeres Haus.

Die schwache Form des Adjektivs wird übereinstimmend benutzt, wenn das Substantiv, bei dem das Adjektiv steht, bestimmt ist. Vergleichen Sie: *den vackra mattan* / der schöne Teppich, *det vackra slottet* / das schöne Schloß.
Schwache Form im Schwedischen, starke Form im Deutschen: *min nya cykel* / mein neues Fahrrad, *Pippis stora trädgård* / Pippis großer Garten.

Freistehendes Adjektiv
In Ausrufen verwendet das Schwedische die Neutrumform, das Deutsche die Grundform. Vergleichen Sie: *fint!* / schön! Ausnahme: *bra!* / gut! (*bra* ist unveränderlich).
Neutrumform haben auch die Farbenbezeichnungen: *rött* / Rot (= die Farbe Rot), *blått* / Blau, *grönt* / Grün, *gult* / Gelb, *brunt* / Braun. Beispiel: *Hon gillar blått* / Sie mag Blau.

Substantiviertes Adjektiv
Das substantivierte Adjektiv erhält in beiden Sprachen die schwache Form: *det goda* / das Gute, *det nya* / das Neue.
Zur Bezeichnung von Personen wird ebenfalls die schwache Form verwendet. Vergleichen Sie: *den gamla* / die Alte. Das Schwedische kann allerdings zwischen Maskulinum und Femininum unterscheiden: *den gamle* /der Alte, *den gamla* / die Alte.

Adjektivisch verwendetes Partizip
Es unterscheidet sich im Schwedischen von der Partizipform, die zur Bildung des Perfekts und Plusquamperfekts verwendet wird, dem sog. Supinum (Ausnahme: Neutrum Singular der schwachen Verben), während im Deutschen beide Formen immer identisch sind. Vergleichen Sie: *Stolen är nymålad* / Der Stuhl ist frisch **gestrichen**, *Vi har målat stolen* / Wir haben den Stuhl **gestrichen**.

3. Komparation des Adjektivs

Die Steigerungsformen des Adjektivs sind **Komparativ** und **Superlativ**. Die Grundform (das nicht gesteigerte Adjektiv) wird **Positiv** genannt. Es lassen sich folgende Gruppen unterscheiden:

a. Adjektive, die gesteigert werden, indem ein **-are** (Komparativ) oder **-ast** (Superlativ) angehängt wird.
Beispiel: *dyr* teuer – *dyrare* teurer – *dyrast* am teuersten

b. Adjektive, die umlauten und ein **-(r)re** (Komparativ) oder **-st** (Superlativ) anhängen.
Beispiel: *stor* groß – *större* größer – *störst* am größten

c. Adjektive, die zur Steigerung ein anderes Adjektiv verwenden, das gewöhnlich wie Gruppe b steigert.
Beispiel: *gammal* alt – **äldre** älter – **äldst** am ältesten

d. Adjektive, die unverändert bleiben und durch die Voranstellung von *mer(a)* und *mest* steigern.

Beispiel: *typisk* typisch – **mer(a)** *typisk* typischer – **mest** *typisk* am typischsten

● **Erläuterungen, Besonderheiten der Bildung**

In die **Gruppe a** gehören die meisten Adjektive. Adjektive auf **-el, -en** und **-er** verlieren bei der Steigerung das **e**. Beispiele: *enkel* einfach – *enklare* – *enklast, trogen* treu – *trognare* – *trognast, vacker* schön – *vackrare* – *vackrast.*
nära benötigt zur Steigerung den Einschub eines **m**: *nära* nahe – *närmare* – *närmast* (auch *närmre* – *närmst*).
Die **Gruppe b** umfaßt in der Hauptsache umlautfähige Adjektive. Der Positiv ist ohne Umlaut. (Ausnahme: *hög* hoch – *högre* – *högst*). Komparativ und Superlativ haben Umlaut (hierzu gehört im Schwedischen auch der Umlaut von å zu ä und von u zu y). *få* wenige, *små* kleine und *stor* groß haben im Komparativ Doppel-r, der vorausgehende Vokal wird dabei kurz: *få – färre, små – (smärre)*[7], *stor – större.*
stor verkürzt den Vokal auch im Superlativ *(störst), få* und *små* können dagegen keinen Superlativ bilden.
Weitere Beispiele: *låg* niedrig – *lägre* – *lägst* (Vokal ist in beiden Steigerungsformen lang), *trång* eng – *trängre* – *trängst, tung* schwer – *tyngre – tyngst.* (Vergleichen Sie auch die Vergleichstabelle unten, wo Sie weitere Beispiele finden.)
Gruppe c: *bra* gut hat neben den Steigerungsformen *bättre* – *bäst* die umgangssprachlichen, auf Nahrungsmittel bezogenen Formen *godare* – *godast,* die eigentlich zum Positiv *god* gehören. – Weitere Beispiele: *dålig* schlecht – *sämre* – *sämst, många* viele – *fler(a)* – *flest, mycket* viel – *mera* – *mest, liten* klein – *mindre* – *minst, ond(illa)* böse, schlimm – *värre* – *värst, gammal* alt – *äldre* – *äldst.*
Gruppe d umfaßt Adjektive auf **-isk** sowie als Adjektive gebrauchte Partizipien. Beispiele: *bildad* gebildet = Perfektpartizip, *spännande* spannend = Präsenspartizip. Hierher gehören aber auch die unveränderlichen Adjektive auf **-e** (→ Adjektiv).

Steigerungsfähig sind auch bestimmte Adverbien. Beispiele: *gärna* gern – *hellre* lieber – *helst* am liebsten, *ofta* oft – *oftare* öfter – *oftast* sehr oft.

Der Komparativ kann auch absolut gebraucht und zur höflichen Abschwächung einer Aussage benutzt werden. *en äldre dam* (eine ältere Frau) ist eine Frau fortgeschrittenen Alters; man scheut sich aus Höflichkeitsgründen, das Wort „alt" zu verwenden. Der Komparativ kann aber auch besagen, daß eine Eigenschaft verhältnismäßig stark ausgeprägt ist. Beispiel: *ett längre avsnitt* (ein längerer Abschnitt). – Der Superlativ, absolut gebraucht, zeigt an, daß die Eigenschaft stark ausgeprägt ist. Beispiel: *med största nöje* (mit größtem Vergnügen).

---

7 Man verwendet in der Umgangssprache *mindre* anstelle von *smärre.*

Bei Ungleichheit zweier Größen findet die Konjunktion **än** Verwendung. Beispiel: *Stockholm är större* **än** *Uppsala* (St. ist größer **als** U.). Bei Gleichheit zweier Größen wird **lika ... som** verwendet. Beispiel: *Stockholm är* **lika** *stort* **som** *München* (St. ist **so** groß **wie** München).

Einige Adjektive haben ebenfalls Komparativform bzw. Superlativform, bezeichnen aber lediglich die Relation einer Orts- oder Lageangabe zu einem (gedachten) Gegenbegriff oder zu einer (gedachten) Reihe. Sie haben keinen Positiv und werden ohne Vergleichsglied verwendet. Beispiele: *den bakre bilen* (das hintere Auto), *den bakersta bilen* (das hinterste Auto).

Starke und schwache Form der Steigerungsformen sind identisch (→ Adjektiv).

Obwohl die Komparation des Deutschen und des Schwedischen viele Gemeinsamkeiten aufweist (Umlaut im Komparativ und Superlativ, verschiedener Stamm in Positiv und Komparativ bzw. Superlativ, lexikalische Übereinstimmungen), ist eine mechanische Übertragung von der einen Sprache in die andere nicht möglich. Folgende Tabelle stellt deshalb die Steigerungsformen einiger verwandter Adjektive gegenüber.

ö = ö	*skön – skönare – skönast*	schön – schöner – am schönsten
i = i	*billig – billigare – billigast*	billig – billiger – am billigsten
å = a	*långsam – långsammare – långsammast*	langsam – langsamer – am langsamsten
y = eu	*dyr – dyrare – dyrast*	teuer – teurer – am teuersten
å = e	*svår – svårare – svårast*	schwer – schwerer – am schwersten
o = u/ü	*kort – kortare – kortast*	kurz – kürzer – am kürzesten
a = a/ä	*skarp – skarpare – skarpast*	scharf – schärfer – am schärfsten
a = a/ä	*svag – svagare – svagast*	schwach – schwächer – am schwächsten
ö = o/ö	*hög – högre – högst*	hoch – höher – am höchsten
o = u/ü	*klok – klokare – klokast*	klug – klüger – am klügsten
å = a/ä	*hård – hårdare – hårdast*	hart – härter – am härtesten
a = a/ä	*kall – kallare – kallast*	kalt – kälter – am kältesten
å/ä = a/ä	*lång – längre – längst*	lang – länger – am längsten
o/ö = o/ö	*grov – grövre – grövst*	grob – gröber – am gröbsten
u/y = u/ü	*ung – yngre – yngst*	jung – jünger – am jüngsten

Beide Sprachen kennen die höfliche Ersetzung des Positivs durch den Komparativ (*en äldre dam* / eine ältere Dame) und die Relativierung einer Aussage durch den Komparativ (*en längre resa* / eine längere Reise). Übereinstimmend auch der absolute Gebrauch des Supinums: *med yttersta försiktighet* / mit äußerster Vorsicht.

Die Möglichkeit, Orts- und Lagebegriffe mit Hilfe des Komparativ und des Superlativ zu einem gedachten Gegenbegriff oder einer gedachten Reihe in Beziehung zu setzen, besteht ebenfalls in beiden Sprachen. Vergleichen Sie:

bakre	hintere	*bakersta*	hinterste
främre	vordere	*främsta*	vorderste
nedre	untere	*nedersta*	unterste
övre	obere	*översta*	oberste
yttre	äußere	*yttersta*	äußerste

| *inre* | innere | *innersta* | innerste |
| *bortre* | weiter entfernt, hintere | *bortersta* | am weitesten entfernte, hinterste |

Wichtiger Unterschied: Bei der Bildung des Superlativs verwendet das Deutsche eine Präposition, das Schwedische nicht. *billigast* entspricht also „**am** billigsten."

IV. Zahlwörter

Kardinalzahlen		Ordinalzahlen
0	*noll* null	
1	*ett* eins	*första* erste
2	*två* zwei	*andra* zweite
3	*tre* drei	*tredje* dritte
4	*fyra* vier	*fjärde* vierte
5	*fem* fünf	*femte* fünfte
6	*sex* sechs	*sjätte* sechste
7	*sju* sieben	*sjunde* siebte
8	*åtta* acht	*åttonde* achte
9	*nio* neun	*nionde* neunte
10	*tio* zehn	*tionde* zehnte
11	*elva* elf	*elfte* elfte
12	*tolv* zwölf	*tolfte* zwölfte
13	*tretton* dreizehn	*trettonde* dreizehnte
14	*fjorton* vierzehn	*fjortonde* vierzehnte
15	*femton* fünfzehn	*femtonde* fünfzehnte
16	*sexton* sechzehn	*sextonde* sechzehnte
17	*sjutton* siebzehn	*sjuttonde* siebzehnte
18	*arton* achtzehn	*artonde* achtzehnte
19	*nitton* neunzehn	*nittonde* neunzehnte
20	*tjugo* zwanzig	*tjugonde* zwanzigste
21	*tjugoett* einundzwanzig	*tjugoförsta* einundzwanzigste
22	*tjugotvå* zweiundzwanzig	*tjugoandra* zweiundzwanzigste
...		
30	*tretti(o)* dreißig	*trettionde* dreißigste
31	*tretti(o)ett* einunddreißig	*tretti(o)första* einunddreißigste
32	*tretti(o)två* zweiunddreißig	*tretti(o)andra* zweiunddreißigste
40	*fyrti(o)* vierzig	*fyrtionde* vierzigste
50	*femti(o)* fünfzig	*femtionde* fünfzigste
60	*sexti(o)* sechzig	*sextionde* sechzigste
70	*sjutti(o)* siebzig	*sjuttionde* siebzigste
80	*åtti(o)* achtzig	*åttionde* achtzigste
90	*nitti(o)* neunzig	*nittionde* neunzigste
100	*(ett)hundra* (ein)hundert	*hundrade* hundertste
1 000	*(ett)tusen* (ein)tausend	*tusende* tausendste
1 000 000	*en miljon* eine Million	
1 000 000 000	*en miljard* eine Milliarde	

1. Kardinalzahlen (Grundzahlen)

● **Besonderheiten der Aussprache**

nio, tio und *tjugo* werden in der Umgangssprache abgeschwächt zu *ni^e, ti^e, tjug^e*. Das auslautende **o** der Zehnerzahlen von 30–90 bleibt in der Umgangssprache stumm: *trettifem* fünfunddreißig. *fyrtio* wird wie *„förti"* oder *„förtio"* ausgesprochen. *arton* hat eine erweiterte Form *aderton*, die heute noch für die Mitglieder von Svenska Akademien verwendet wird: *en av de Adertòn* (einer der achtzehn). Das Zahlwort *ett* eins wird nur verwendet, wenn es von keinem Substantiv bestimmt wird. Beispiele: *ett – två – tre!* (eins – zwei – drei!), *nummer 1501 (ettusenfemhundraett), Klockan är ett* (Es ist ein Uhr). Wird es attributiv verwendet, richtet es sich wie ein Adjektiv nach dem Substantiv, zu dem es gehört. Beispiele: *Sven har bara en son* (Sven hat nur einen Sohn), *Inger har bara ett barn* (Inger hat nur ein Kind). Auch wenn das Zahlwort freisteht, aber auf ein gedachtes Subjekt bezogen ist, verhält es sich wie ein Adjektiv. Beispiele: *Hur många biljetter har du? – Jag har bara en.* (Wie viele Karten hast du? – Ich habe nur eine.), *Har du två barn? – Nej, jag har bara ett* (Hast du zwei Kinder? – Nein, ich habe nur eins). Die Zahlen *hundra, tusen* werden oft mit *ett* (Neutrum!) zusammengeschrieben: *etthundra människor. miljon, miljard, biljon* werden wie Substantive behandelt und erhalten den Utrum-Artikel *en*, sowie im Plural die Endung **-er**: *miljon, miljoner, tre miljoner.*

Substantivierung

Ein Zahlwort kann durch Hinzufügung des bestimmten oder unbestimmten Artikels in ein Substantiv verwandelt werden. *Dina ettor ser ut som sjuor* (Deine Einsen sehen aus wie Siebener), *Har du två tior?* (Hast du zwei Zehnkronen-Scheine?), *Vi tar ettan* (Wir nehmen die Eins [Linie eins]), *Du behöver bara en tvåa* (Du brauchst nur eine Zweizimmerwohnung).

Ungenaue Zahlenangaben

en kann vor beliebigen Zahlen stehen und hat dann die Bedeutung „etwa, zirka": *en fem sex bilar* (etwa fünf, sechs Autos).
In der Zusammensetzung *ett+(...)tal* bezeichnen die Zahlen eine ungefähre Anzahl. Beispiel: *Vi såg ett tiotal renar* (Wir sahen an die zehn Rentiere).
Wird **-tals** an eine Zahl angehängt (ohne Artikel) ergibt sich die Bedeutung „ein Vielfaches der Zahl". Beispiel: *I Vasaloppet deltar tusentals människor* (Am Vasalauf nehmen Tausende von Menschen teil).

Die Ungenauigkeit einer Zeitangabe wird zum Ausdruck gebracht durch die Verwendung der Präposition *vid* und durch Verbindung der Zahl mit *tiden*: *vid femtiden (vid 5-tiden)* (um fünf herum).

Multiplikationsfaktor

Der Bezeichnung eines Multiplikationsfaktors dient die Zusammensetzung mit **-dubbel** oder (in bestimmten Fällen) mit **-faldig**. Beispiele: *en tredubbel seger* (ein dreifacher Sieg), *ett fyrfaldigt hurra* (ein vierfaches Hurra).

Jahreszahlen werden in Hunderten ausgedrückt: 1985 *(nittonhundraåttiofem)*.

Geldbeträge: 14:45 wird gelesen als *fjorton* och *fyrti(o)fem*.

Zeitangaben: 14.45 wird gelesen als *(klockan) fjorton* och *fyrti(o)fem*.

⑤ⓓ Beide Sprachen unterscheiden zwischen dem unabhängigen Zahlwort 1 (*ett* / eins) und dem vom folgenden Substantiv abhängigen Zahlwort, das sich vom unbestimmten Artikel nur durch die stärkere Betonung unterscheidet: **en** *vas*, **ett** *bord* / **eine** Vase, **ein** Tisch.
Im Unterschied zum Deutschen werden im Schwedischen die Zehnerzahlen *vor* den Einerzahlen ausgesprochen, außerdem fehlt das Bindewort zwischen den Zahlen. Vergleichen Sie: *fyrtiosex* / sechs**und**vierzig.
Jahreszahlen: *på(...)-talet* bezeichnet das folgende Jahrhundert, *på 1700-talet* entspricht also dem deutschen „im 18. Jahrhundert".
Bei Geldbeträgen steht im Schwedischen das Wort *och* zwischen dem Kronen- und dem Örebetrag *(fem* och *femtio)*, während das Deutsche die Beträge unverbunden nebeneinander stellt (fünffünfzig). Bei Zeitangaben steht *och* dort, wo im Deutschen das Wort „Uhr" steht, *klockan* (bestimmte Form!) wird stattdessen vorangestellt. (Vergleichen Sie: *klockan fem* och *femtio* / fünf Uhr fünfzig.)
Das unabhängige Zahlwort *ett* bleibt im Schwedischen am Anfang und am Ende einer Zahlenverbindung gleich, während das Deutsche ein- am Anfang und -eins am Ende der Verbindung hat. (Vergleichen Sie: *etthundratio* / **ein**hundertzehn; *tvåhundraett* / zweihundert**eins**.)

2. Ordinalzahlen (Ordnungszahlen)

Die beiden ersten Ordnungszahlen haben eine von der Grundzahl abweichende Form, sie sind außerdem – im Unterschied zu den übrigen Ordnungszahlen – veränderlich. Beispiele: *Han var den förste* (Er war der erste), *Första maj är den svenska arbetarrörelsens dag* (Der 1. Mai ist der Tag der schwedischen Arbeiterbewegung), *Gustaf II Adolf (Gustaf den andre Adolf)*, *andra gången* (das zweite Mal). Die Ordnungszahl *andra* hat außerdem die Nebenbedeutung „andere". Beispiel: *den andra frågan* (die andere Frage). Vergleichen Sie dagegen: *andra frågan* (die zweite

Frage). Die übrigen Ordinalzahlen werden durch Suffixe gebildet, wobei Veränderungen der Grundform auftreten können. Die Ordinalzahlen 3–12 sind unregelmäßig gebildet, teilweise sogar unter Vokalwechsel. Vergleichen Sie: *fyra – fjärde, sex – sjätte.*
Die Ordinalzahlen 13–19 werden durch Anhängen von **-de** an die Grundzahl gebildet.
Die Zehnerzahlen 20, 30, 40 … bilden die Ordinalzahlen durch Anhängen von **-nde** an die Grundzahl, wobei das auslautende **-o** kurz wird. 100 und 1000 hängen jeweils ein **-de** an.

Schreibung in Zahlen

Bei Datumsangaben und zur Bezeichnung der Reihenfolge (z. B. innerhalb einer Dynastie) wird kein Punkt verwendet. Beispiele: *6 juni* (= sjätte juni), *Gustav III* (= Gustav den tredje), *5 uppl.* (= femte upplagan) (5. Auflage).

Verwendung von Ordnungszahl + Superlativ

Malmö är Sveriges tredje största kommun (M. ist die drittgrößte Stadt Schwedens).

Bezeichnung eines Intervalls

var femte svensk (jeder fünfte Schwede), *vart femte år* (jedes fünfte Jahr), *varannan gång* (jedes zweite Mal), *vartannat år* (jedes zweite Jahr).

Ordinalzahl als Einteilungszahl

för det första (andra, tredje …) (erstens [zweitens, drittens …]) dient, absolut oder adverbial gebraucht, der Einteilung. Beispiele: *För det första: Inga cigaretter!* (Erstens: Keine Zigaretten!), *För det första ska vi sluta röka* (Erstens werden wir aufhören zu rauchen).

Bruchzahlen

Die Bildung der Bruchzahlen erfolgt durch die Verbindung der Ordinalzahl mit **-del**: *en femtedel* (ein Fünftel), *två tredjedelar* (zwei Drittel) usw. Vergleichen Sie aber: *en halv* ($\frac{1}{2}$), *en kvart* (Uhrzeit!) eine Viertelstunde. Bei dreisilbigen Ordnungszahlen kann **-de** entfallen: *en fjortondel* (ein Fünfzehntel), *en hundradel* (ein Hundertstel).

Ganze Zahlen werden mit Bruchzahlen durch *och* verbunden. Beispiele: 2½ *(två och en halv)* zweieinhalb, 2¾ *(två* **och** *tre fjärdedelar)* zweidreiviertel.

> **SD** Im Unterschied zum Schwedischen sind im Deutschen alle Ordinalzahlen veränderlich. Vergleichen Sie: *tredje försöket* / der dritte Versuch, *ett tredje försök* / ein dritter Versuch. Beachten Sie auch folgende Unterschiede:
> *(den)* **6** *juni* / den **6.** Juni
> *Sveriges* **tredje största** *kommun* / die **drittgrößte** Stadt Schwedens
> *två tredjedelar* (Plural!) / zwei Drittel
> *två* **och** *en halv* **timme** / zweieinhalb **Stunden** (Plural!)
> *tre kvarts timme* / eine dreiviertel Stunde

33

V. Pronomen

1. Personalpronomen

	Nominativ		Objektfall	
	Singular	Plural	Singular	Plural
1. Person	**jag** (ich)	**vi** (wir)	**mig** (mir, mich)	**oss** (uns)
2. Person	**du/ni** (du/Sie)	**ni** (ihr/Sie)	**dig/er** (dir, dich; Ihnen, Sie)	**er** (euch/Ihnen, Sie)
3. Person				
a. Maskulin	**han** (er)		**honom** (ihm, ihn)	
b. Feminin	**hon** (sie)	**de** (sie)	**henne** (ihr, sie)	**dem** (ihnen, sie)
c. Neutrum	**det** (es)		**det** (ihm, es)	
d. Utrum	**den** (er, sie)		**den** (ihm, ihn, ihr, sie)	

● **Erläuterungen**

Eigentliche „Personalpronomen", also Pronomen für Personen, kennt das Schwedische drei: Maskulinum, Femininum, Neutrum. Personen oder mythische Wesen, deren Geschlecht nicht bekannt ist bzw. keine Rolle spielt, haben das Pronomen *det*. Beispiel: *barn* Kind, *helgon* Heilige(r), *spöke* Gespenst, *troll* Troll.

Das Personalpronomen muß nicht immer mit dem Geschlecht des dazugehörigen Substantivs übereinstimmen. Vergleichen Sie: *Statsrådet kom vi 8-tiden.* **Han** *såg belåten ut* (Der Minister kam gegen acht. Er sah zufrieden aus).

Bestimmte Personenkategorien wie *lärare, läkare* können sowohl ein maskulines als auch ein feminines Pronomen haben. Beispiel: *Vår nya lärare gillar fotboll.* **Han** **(hon)** *är bara 28 år.* (Unser neuer Lehrer [unsere neue Lehrerin] mag Fußball. Er [sie] ist erst 28.)

människa Mensch ist feminin. Beispiel: *Människan kann anpassa sig till olika miljöer.* **Hon** *kan t. o. m. vistas i rymden.* (Der Mensch kann sich an verschiedene Umgebungen anpassen. **Er** kann sich sogar im Weltraum aufhalten.)

Tiere haben die gleichen Pronomina wie Menschen, wenn ein bestimmter Grad von Vertrautheit erreicht ist, sonst werden je nach Geschlecht der Tierart *den* oder *det* verwendet.

Für Sachen werden die Pronomen *den* oder *det* verwendet, je nachdem ob es sich um ein Utrum oder Neutrum handelt. Eine Ausnahme bildet *klocka* bei Zeitangaben. Auf die Frage *Vad är klockan?* (Wieviel Uhr ist es?) kann man **hon** *är fem* (fünf Uhr) oder **den** *är fem* antworten.

Die 2. Person Singular und Plural sind Anredeformen. Für die formellere Anrede, die allerdings im Schwinden begriffen ist und nur noch dort Verwendung findet, wo Distanz betont werden soll, wird die 2. Person Plural verwendet.[8] Die Anredeform *ni* kann also im Deutschen „ihr" oder „Sie" (Singular und Plural) bedeuten.

det findet auch in unpersönlichen Wendungen Verwendung. Beispiele: *Är det tillsagt?* (Werden Sie schon bedient?), *Det går bra att betala i kassan* (Bezahlen Sie bitte an der Kasse). *det* kann auch die Stelle des Subjekts einnehmen, wenn dieses nicht am Satzanfang steht. Als „Platzhalter" dient *det* in folgendem Beispiel: *Det kom ingen* (Es kam keiner); vergleichen Sie: *Ingen kom* (Keiner kam). Im Passivsatz wird *det* bei fehlendem Subjekt verwendet: *Det berättades ...* (Es wurde erzählt ...). Subjektlose Verben benötigen ebenfalls das *det*. Beispiele: *Det regnar* (Es regnet).

det wird im Schwedischen auch gern verwendet, um eine bejahende Antwort zu verstärken: *Diskar Lena? – Ja, det gör hon* (Wäscht Lena ab? – Ja, [das macht sie]).

Einige Personalpronomen können auch substantivisch gebraucht werden. Beispiele: *Jaget står i centrum* (Das Ich steht im Mittelpunkt), *en han och en hon* (ein Er und eine Sie).

● Besonderheiten der Aussprache und der Schreibung

de wird in der Umgangssprache wie *dom* ausgesprochen und teilweise auch schon geschrieben (in Comics, Briefen u. a.). Da *dem* ebenfalls *dom* gesprochen wird, fallen die Aussprache der Nominativform und des Objektfalls zusammen, so daß keine Unterscheidung möglich ist. In der gehobenen Umgangssprache werden *de* und *dem* ihrer Schreibung gemäß ausgesprochen.
Der Objektfall der Personalpronomen *jag* und *du* (also *mig* und *dig*) wird in persönlichen Briefen u. ä. oft *mej* und *dej* geschrieben, was der Aussprache entspricht.

[S]
[D]
   Im Gegensatz zum Schwedischen mit seinen vier Geschlechtern (Maskulinum, Femininum, Utrum, Neutrum) hat das deutsche Personalpronomen nur drei Geschlechter (Maskulinum, Femininum, Neutrum).
Für Sachen und nichtpersonale Begriffe hat das Schwedische nur zwei Pronomen, das Deutsche aber drei (*den, det* – er, sie, es).
Das Schwedische verwendet für die „höfliche" (formelle) Anrede die zweite Person Plural, das Deutsche die dritte Person Plural. *vi* kann in beiden Sprachen Anredefunktion haben.
In beiden Sprachen kann *det* den Platz des Subjekts oder eines Infinitivsatzes ein-

---

8 Anstelle des Personalpronomens konnte früher auch der Name, der Titel oder eine Berufsbezeichnung bei der Anrede verwendet werden. Beispiel: *Tänker professorn stanna till i morgon?* (Haben Sie vor, bis morgen zu bleiben, Herr Professor?), *Skall herr Svensson vara hemma i kväll?* (Werden Sie heute abend zu Hause sein, Herr Svensson?). Diese Anredeform wird kaum noch benützt.

nehmen („Platzhalter"). Vergleichen Sie:
a. **Det** *kom ett stort paket med posten* / **Es** kam ein großes Paket mit der Post.
b. **Det** *är inte lätt att översätta en lagtext* / **Es** ist nicht leicht, einen Gesetzestext zu übersetzen

det dient auch als unpersönliches Subjekt eines Satzes: **Det** *ringer på dörren* / **Es** klingelt an der Tür.
Innerhalb des Satzes können sich Übereinstimmungen, aber auch Unterschiede ergeben. Vergleichen Sie:
Han har **det** *inte lätt* / Er hat **es** nicht leicht
Han har bråttom / Er hat **es** eilig
Tänker du på ditt arbete? – Ja, visst tänker jag **på det.** / Denkst du an deine Arbeit? – Natürlich denke ich **daran**
Klockan är fem / **Es** ist fünf Uhr
Läser du? Jag, **det** *gör jag* / Liest du? Ja
Bor **det** *några utlänningar i ditt hus?* / Wohnen in deinem Haus Ausländer?
Han föredrog att tiga / Er zog **es** vor zu schweigen
Das Deutsche kann mit Hilfe der Dativform des Personalpronomens ausdrücken, daß das Subjekt der Handlung der Begünstigte oder Betroffene ist bzw. daß der beschriebene Vorgang mit einer gedachten Person zu tun hat. Das Schwedische kann das Personalpronomen nicht in dieser Weise verwenden. Vergleichen Sie:
Jag ska inte se filmen / Ich sehe **mir** den Film nicht an
Ögonen faller ihop **på honom** / Die Augen fallen **ihm** zu

2. Possessivpronomen

Reflexives Possessivpronomen		
Singular		Plural
Utrum	Neutrum	Utr./Neutr.
1. Person **min** (mein, -e)	**mitt** (mein)	**mina** (meine)
2. Person **din** (dein, -e)	**ditt** (dein)	**dina** (deine)
3. Person Mask. **sin** (sein, -e)	**sitt** (sein)	**sina** (seine)
Fem. **sin** (ihr, -e)	**sitt** (ihr)	**sina** (ihre)
Neutr.[9] **sin** (sein, -e)	**sitt** (sein)	**sina** (seine)
1. Person **vår** (unser, -e)	**vårt** (unser)	**våra** (unsere)
2. Person **er** (euer, -e)	**ert** (euer)	**era** (eure)
3. Person **sin** (ihr, -e)	**sitt** (ihr)	**sina** (ihre)

---

9 Die Utra verwenden die gleichen Pronomen wie die Neutra, wenn es sich um Sachen handelt. *sin, sitt, sina* und *dess* können also auch mit „ihr, -e" zu übersetzen sein.

Nichtreflexives Possessivpronomen		
	Singular	Plural
	Utrum	Neutrum	Utr./Neutr.
1. Person			
2. Person			
3. Person Mask.	hans (sein, -e)	hans (sein)	hans (seine)
Fem.	hennes (ihr, -e)	hennes (ihr)	hennes (ihre)
Neutr.[9]	dess (sein, -e)	dess (sein)	dess (seine)
1. Person			
2. Person			
3. Person	deras (ihr, -e)	deras (ihr)	deras (ihre)

● **Erläuterungen**

Man unterscheidet in der 3. Person Singular und Plural zwischen dem reflexiven und dem nicht-reflexiven Possessivpronomen.

A. Das **reflexive Possessivpronomen** richtet sich nach Numerus und Genus des Substantivs, bei dem es steht.
Beispiele: *Hon älskar* **sin** *man* (Sie liebt ihren Mann), *Hon älskar* **sitt** *barn* (Sie liebt ihr Kind), *Hon älskar* **sina** *barn* (Sie liebt ihre Kinder).
Dagegen richtet sich das reflexive Possessivpronomen nicht nach dem Genus des Subjekts.
Beispiele: *Han älskar* **sin** *son* (Er liebt seinen Sohn), *Hon älskar* **sin** *son* (Sie liebt ihren Sohn), *De älskar* **sin** *son* (Sie lieben ihren Sohn).

B. Das **nicht-reflexive Possessivpronomen** ist unabhängig von Genus und Numerus des Substantivs, bei dem es steht.
Beispiele: *Jag tycker om* **hans** *trädgård* (Mir gefällt sein Garten), *Jag tycker om* **hans** *hus* (Mir gefällt sein Haus), *Jag tycker om* **hans** *barn* (Ich mag seine Kinder).
Dagegen ist das nicht-reflexive Possessivpronomen abhängig von Genus und Numerus der Person (Personen), auf die es sich bezieht.
Beispiele: *Vi tvättar* **hans** *bil* (Wir waschen sein Auto), *Vi tvättar* **hennes** *bil* (Wir waschen ihr Auto), *Vi tvättar* **deras** *bil* (Wir waschen ihr Auto).

Gebrauch des Possessivpronomens

I. Das **reflexive** Possessivpronomen wird verwendet, wenn
  a) **das Subjekt des Satzes die Person ist, auf die es sich bezieht.**
    Beispiel: *Sven säljer sin bil* (Sven verkauft sein Auto). Das Auto, das verkauft werden soll, gehört Sven!

Das Possessivpronomen kann auch Teil eines Vergleichsgliedes sein. Beispiele: *Hon är äldre än sin syster* (Sie ist älter als ihre Schwester), *Han är lika gammal som sin bror* (Er ist genau so alt wie sein Bruder).
b) **das Subjekt des Nebensatzes die Person ist, auf die es sich bezieht.**
   Beispiel: *De tror att Sven ska sälja sin bil* (Sie glauben, daß Sven sein Auto verkaufen wird). Sven ist der Eigentümer!
c) **neben dem Subjekt des Satzes noch ein anderes Subjekt gedacht werden kann, auf das es sich bezieht.**
   Beispiel: *Hon bad honom tvätta sina kläder* (Sie bat ihn, seine Kleider zu waschen bzw. zu reinigen). Die Kleider gehören nicht der Person, die das Subjekt des Satzes bildet, sondern dem, der die Handlung ausführen soll. *han* ist das gedachte Subjekt des Satzes!

II. Das **nicht-reflexive** Possessivpronomen wird benötigt, wenn
a) **das Subjekt des Satzes nicht die Person ist, auf das es sich bezieht.**
   Beispiel: *Sven säljer hans bil* (Sven verkauft sein [= Olles] Auto). Das zu verkaufende Auto gehört einem anderen (Olle).
b) **es beim Subjekt des Satzes steht.**
   Beispiel: *Hans mamma bor i Stockholm* (Seine Mutter wohnt in St.). Das beim Subjekt stehende Possessivpronomen kann niemals reflexiv sein.
c) **es beim zweiten Subjekt des Satzes** steht. Beispiel: *Sven och* **hans mamma** *reser ofta till Jämtland* (Sven und seine Mutter fahren oft nach Jämtland). Das reflexive Possessivpronomen darf hier nicht verwendet werden, obwohl es sich um die Mutter von Sven handelt. Das erste und das zweite Subjekt sind nämlich gleichrangig, während in dem Beispiel Ia ein Subjekt-Objektverhältnis besteht (Sven ist Subjekt, das Auto ist Objekt des Satzes). Hier gilt also Regel IIb.

Absoluter Gebrauch: *Det här är min* (Das hier ist meine, -r).

In älteren volkstümlichen Texten ist das Possessivpronomen zuweilen nachgestellt. Beispiel: *kärestan min* (die Liebste mein). Das gleiche gilt für den jargonsprachlichen Gebrauch. Beispiel: *frugan min* („meine Alte").
Stark umgangssprachlich ist auch die Verwendung von *våran (vårat)* statt *vår (vårt)*. Beispiel: *Våran lärare är okay* (Unser Lehrer ist o. k.).
Das Possessivpronomen *dess* wird in der Umgangssprache gewöhnlich vermieden. Bei Personen wird, soweit das Geschlecht bekannt ist, *hans* oder *hennes* bevorzugt; bei Sachen wird seine Verwendung mit Hilfe einer Präposition umgangen.
Beispiel: *Han körde en gammal Volvo, men färgen på bilen kommer jag inte ihåg* (anstelle von: *men dess färg kommer jag inte ihåg.*) (Er fuhr einen alten Volvo, aber an seine [dessen] Farbe kann ich mich nicht erinnern).

Obwohl *sin* und „sein" verwandt sind, ist das schwedische Possessivpronomen im Unterschied zum Deutschen nicht auf maskuline Subjekte beschränkt. Vergleichen Sie:

Han tvättar **sin** *bil* / Er wäscht **sein** Auto
Hon tvättar **sin** *bil* / Sie wäscht **ihr** Auto
De tvättar **sin** *bil* / Sie waschen **ihr** Auto

In dem Satz „Er kennt seine Freunde" kommt nicht zum Ausdruck, ob es sich um seine eigenen Freunde oder um die Freunde einer weiteren Person handelt. Hier benötigt der Deutsche zusätzliche Informationen, um sicher zu gehen. Das Schwedische kann demgegenüber klar zum Ausdruck bringen, was im jeweiligen Fall gemeint ist (parallele Erscheinungen gibt es im Lateinischen).
deras bil ist nicht mit „deren Auto" zu übersetzen, wie die Ähnlichkeit nahezulegen scheint, sondern mit „ihr Auto".
Bei Übersetzungen ist zu beachten, daß im Schwedischen manchmal ein Possessivpronomen erscheint, wo im Deutschen eine andere Formulierung gebräuchlich ist. Beispiele: *Vi köpte var sitt vykort* / Wir kauften jeder eine Ansichtskarte, *De gick åt var sitt håll* / Sie gingen in verschiedene Richtungen, *De har på sin höjd 2000 kronor* / Sie haben höchstens 2000 Kronen, *På sina håll var det halt* / Stellenweise war es glatt.

Beachten Sie auch folgende Unterschiede:
i hela mitt liv / in meinem ganzen Leben (Wortstellung!)
din *dumma gås* / **du** dumme Gans! (Verwendung des Possessivpronomens statt des Personalpronomens.)

3. Demonstrativpronomen

Singular		Plural	
Nominativ	Objektfall	Nominativ	Objektfall
den här (diese, -r) **det här** (dieses)		**de här** (diese)	**dem här**
den där (die dort, der dort) **det där** (das dort)	wie Nominativ	**de där** (die dort)	**dem där**
denna (diese, -r) **detta** (dieses)			
den* (die, der) **det*** (das) * betont		**de*** (die)	**dem***

● Erläuterungen

Die Pronomen in dieser Gruppe können sowohl selbständig als auch attributiv auftreten. Beispiel: *Vill du ha den här färgen?* (Willst du die Farbe haben?), *Vill du*

39

ha den här? (Willst du die [den] hier haben?). Das zusammengesetzte Pronomen (Demonstrativpronomen + Adverb) ist vor allem in der Umgangssprache gebräuchlich. *denne* dieser wird für männliche Personen verwendet. In der Umgangssprache wird es durch das Personalpronomen ersetzt. Beispiel: *Sedan vi hade presenterat oss för prästen visade oss denne runt i kyrkan [= visade han oss runt ...]* (Nachdem wir uns dem Pfarrer vorgestellt hatten, führte uns dieser durch die Kirche). *den, det* und *de* unterscheiden sich von den beiden anderen Pronomen durch die Betonung. Beispiel: *Vill du ha* **den** *färgen?* (Willst du **die** Farbe haben?). Wenn das Pronomen alleinsteht, entscheidet ebenfalls die Betonung, ob es sich um das Personalpronomen oder das Demonstrativpronomen handelt. Vergleichen Sie: *Vill du ha den?* (Willst du ihn [sie] haben?) – *Vill du ha* **den**? (Willst du **den [die]** haben?).

Steht das zusammengesetzte Pronomen bei einem Substantiv, so erhält dieses die bestimmte Form (*den här mannen* dieser Mann); das gleiche gilt für *den, det, de* (*den mannen* dieser Mann), während das Substantiv, bei dem *denna, detta, dessa* steht, die unbestimmte Form erhält (*denna kvinna* diese Frau). (In der Umgangssprache kann aber auch die bestimmte Form vorkommen.)

samma (der-, die-, dasselbe; der, die, das gleiche)

Dieses Demonstrativpronomen ist unveränderlich und wird zusammen mit Utra und Neutra, im Singular und im Plural gebraucht.
Beispiele: *Du har samma slips som jag* (Du hast den gleichen Schlips wie ich), *Vi bor i samma hus* (Wir wohnen im gleichen Haus), *Ska ni ha samma tidningar som i går?* (Wollen Sie die gleichen Zeitungen wie gestern haben?).

Singular	Plural
densamma (derselbe, dieselbe) **detsamma** (dasselbe)	**desamma** (dieselben)

Im Unterschied zu *samma* wird dieses Pronomen nicht attributiv gebraucht. Nominativ und Objektfall sind gleich. Beispiele: *Anledningen är alltid densamma* (Der Anlaß ist immer der gleiche), *Att tro och veta är inte detsamma* (Zu glauben und zu wissen ist nicht das gleiche), *Följderna var alltid desamma* (Die Folgen waren immer die gleichen).

Das rückbezügliche *densamma (det-, desamma)* wird im modernen Schwedisch durch das Possessivpronomen bzw. Personalpronomen ersetzt. Beispiel: *Villan ligger i stadens utkant. Dess värde* (statt: *värdet av densamma*) *uppgår till ca 400 000 kronor* (Die Villa liegt am Stadtrand. Ihr Wert beläuft sich auf etwa 400 000 Kronen). – Die maskuline Form *densamme* wird nur noch selten verwendet.

Es gibt im Schwedischen Wendungen, bei denen das Pronomen im Deutschen anderweitig wiedergegeben werden muß. Beispiele: *Det gör detsamma* / Das macht nichts, *Han kommer med detsamma* / Er kommt gleich, *Tack detsamma!* / Danke gleichfalls!

Singular	Plural
(en) sådan (solch eine, -r; so eine, -r) **(ett) sådant** (solch ein; so ein)	**sådana** (solche)

Selbständiger und attributiver Gebrauch sind möglich. Nominativ und Objektfall stimmen überein. *sådan* und *sådant* werden meist mit dem unbestimmten Artikel zusammen verwendet. Beispiele: *Jag har också en sådan tvättmaskin* (Ich habe auch so eine Waschmaschine), *Jaså, du har också en sådan* (Ach so, du hast auch so eine). *sådant* kann auch zusammen mit einem Indefinitpronomen verwendet werden: *Varför frågar du något sådant?* (Warum fragst du so etwas?). In der Umgangssprache sind auch die Kurzformen *sån, sånt* und *såna* (Plural) gebräuchlich.

Im Schwedischen steht der unbestimmte Artikel immer vor, im Deutschen meistens hinter dem Demonstrativpronomen. Vergleichen Sie: *en sådan människa* / so [solch] ein Mensch. (Daneben auch „ein solcher Mensch".)

Singular	Plural
(en) dylik (derartige, -r) **(ett) dylikt** (derartiges, derlei)	**dylika** (derartige)

Das Pronomen gehört der Schriftsprache an und wird attributiv und alleinstehend verwendet. Nominativ und Objektfall stimmen überein. Beispiele: *En dylik undersökning gjordes redan för två år sedan* (Eine derartige Untersuchung wurde schon vor zwei Jahren gemacht), *Dylika redskap kände man redan till under vikingatiden* (Derartige Geräte kannte man schon zur Wikingerzeit).

dylik wird auch häufig in Abkürzungen verwendet: *tekoppar, tallrikar, fat o. dyl.* (Teetassen, Teller, Schüsseln u. dgl.).

4. Relativpronomen

	Singular	Plural
Nominativ	**som** (der, die, das)	**som** (die)
Objektfall	**som**	**som**
Genitiv	**vars**	**vars** (**vilkas**)

som wird im Singular und Plural, im Nominativ und Objektfall, für Personen, Tiere und Sachen (Begriffe) gebraucht. Beispiele: *Känner du gubben som bor där?* (Kennst du den alten Mann, der dort wohnt?), *Var har du pengarna som jag gav dig?* (Wo hast du das Geld, das ich dir gegeben habe?).

vars ist der Genitiv von *som*. Es wird attributiv für den Singular gebraucht und ersetzt im Umgangsschwedisch auch die Pluralform *vilkas*. Beispiele: *Flickan* **vars** *far dog förra månaden ärvde hela förmögenheten* (Das Mädchen, dessen Vater vorigen Monat starb, erbte das ganze Vermögen), *Jag pratade med några föräldrar* **vars** (**vilkas**) *barn gick i samma klass* (Ich sprach mit einigen Eltern, deren Kinder in die gleiche Klasse gingen).

som kann wegfallen, wenn es nicht das Subjekt des Relativsatzes bildet. Beispiel: *Han visade mig medaljen han hade fått* (Er zeigte mir die Medaille, die er bekommen hatte). Vergleichen Sie dazu: *Han visade mig hobbyrummet* **som** *var mycket stort* (Er zeigte mir den Hobbyraum, der sehr groß war).

Wenn das Relativpronomen mit einer Präposition verbunden ist, tritt diese an das Ende des Relativsatzes. Beispiel: *Det är chansen (som) jag har väntat* **på** (Das ist die Chance, auf die ich gewartet habe).

	Singular	Plural
Nominativ	**vilken** (welche, -r) **vilket** (welches)	**vilka** (welche)
Objektfall	**vilken** **vilket**	**vilka**
Genitiv	(**vilkens**) (**vilkets**)	**vilkas**

Das Relativpronomen gehört der gehobenen Schriftsprache an und wird gewöhnlich durch *som* bzw. *vars* (Genitiv Singular und Genitiv Plural) ersetzt. Beispiel: *Vi*

talade med några föräldrar vars barn (= vilkas barn) går i samma klass som Lena (Wir sprachen mit einigen Eltern, deren Kinder in die gleiche Klasse gehen wie Lena).
vilket kann sich auch auf die Aussage des gesamten Hauptsatzes beziehen. Bezugspunkt ist in diesem Fall nicht ein einzelnes Substantiv, sondern Subjekt + Prädikat. Beispiel: *Han skickade ett telegram* **vilket** *förvånade mig mycket* (Er schickte ein Telegramm, **was** mich sehr wunderte).
något som kann anstelle von *vilket* gebraucht werden (→ *något som*).

	Singular	Plural
Nominativ	**den som** (wer; derjenige, der) **det som** (was; dasjenige, das)	**de som** (wer; diejenigen, die)
Objektfall	**den som** **det som**	**dem som**
Genitiv	**dens** (…) **som**	**deras** (…) **som**

Es handelt sich hierbei um die Verbindung des Determinativpronomens *den (det)* mit dem Relativpronomen *som*. Beispiele: *Den som skrattar sist skrattar bäst* (Wer zuletzt lacht, lacht am besten), *Kerstin köper alltid det som är billigast* (Kerstin kauft immer das, was am billigsten ist), *Han känner bara dem (som) han bor granne med* (Er kennt nur die, die in seiner Nachbarschaft wohnen).

Vergleichen Sie: *Det är* **deras** *skyldighet* **som** *bor i den rika världen att hjälpa männis-korna i u-länderna* / Es ist die Verpflichtung **derer, die** in den reichen Ländern leben, den Menschen in den Entwicklungsländern zu helfen.

---

något som (etwas, was), **ingenting som** (nichts, was), **mycket som** (vieles, was), **allt som** (alles, was)

Das Relativpronomen *som* läßt sich mit mehreren unbestimmten Pronomen kombinieren, deren gemeinsames Merkmal die Neutrumform ist. Beispiele: *Allt är inte guld som glimmar* (Nicht alles, was glänzt, ist Gold), *Han berättade något som alla skrattade åt* (Er erzählte etwas, worüber alle lachten).

Beachten Sie: *något som* kann sich auch auf den Inhalt eines ganzen Satzes beziehen! (→ *vilket*).

Das Schwedische kombiniert die unbestimmten Pronomen nicht mit *vad*, was dem Deutschen entspräche, sondern mit *som*.
Vergleichen Sie: *allt* **som** / *alles,* **was.**

---

vad; vad som (was, das was)

Dieses Pronomen vermag *det som* zu ersetzen. *vad* kann nur verwendet werden, wenn es in Objektstellung ist, sonst muß *som* hinzugefügt werden. Beispiele: **Vad** *du sa i går är nog inte riktigt sant* (Was du gestern gesagt hast, entspricht wohl nicht ganz der Wahrheit), **Vad som** *göms i snö kommer upp i tö* (Was man im Schnee versteckt, kommt bei Tauwetter an den Tag).

vad ist die unmittelbare Entsprechung zu dem deutschen „was". Das Deutsche unterscheidet nicht zwischen Subjekt- und Objektstellung des Relativpronomens. Vergleichen Sie: **Vad som** *förvånade dem mest var Pippis utseende* / **Was** sie am meisten wunderte, war Pippis Aussehen.

5. Determinativpronomen (→ den som)

6. Interrogativpronomen

	Singular/Plural
Nominativ	**vem** (wer) **vad** (was)
Objektfall	**vem** **vad**
Genitiv	**vems** (wessen)

Im Nominativ kann *vem* nur selbständig gebraucht werden, im Genitiv auch attributiv. Beispiele: *Vem har skrivit det här?* (Wer hat das geschrieben?), *Vems är det här?* (Wem gehört das?), *Vems bok är det här?* (Wessen Buch ist das?). Wenn *vem* einen indirekten Fragesatz als Subjekt einleitet, muß es durch *som* erweitert werden. Beispiel: *Jag undrar* **vem som** *har skrivit det här* (Ich frage mich, wer das geschrieben hat). Vergleichen Sie dagegen: *Jag undrar* **vem** *han har skrivit till* (Ich frage mich, an wen er geschrieben hat).

S
D

Im Gegensatz zum Schwedischen gebraucht das Deutsche das Fragepronomen im Genitiv nicht alleinstehend. *Vems är det?* (wörtl. „wessen ist das?") muß daher mit „wem gehört das?" umschrieben werden.
vem (vad) / wer (was) hat in beiden Sprachen auch Pluralbedeutung. Auf die Frage: *Vem har gjort det här?* / Wer hat das gemacht? kann deshalb die Antwort lauten: *Peter och Karin* / Peter und Karin.

	Singular	Plural
Nominativ/Objektfall	**vilken** (welche, -r) **vilket** (welches)	**vilka** (welche)

Das Interrogativpronomen wird selbständig und attributiv gebraucht. Nominativ und Objektfall sind gleich. Beispiele: *Vilken tröja vill du ha?* (Welchen Pulli willst du haben?), *Jag har tvättat dina tröjor. Vilken vill du ha?* (Ich habe deine Pullis gewaschen. Welchen willst du haben?), *Vilka äpplen ska vi köpa, de röda eller de gröna?* (Welche Äpfel wollen wir kaufen, die roten oder die grünen?), *Här finns röda och gröna äpplen. Vilka ska vi ta?* (Hier sind rote und grüne Äpfel. Welche wollen wir nehmen?).
Eine Genitivform existiert im modernen Sprachgebrauch nicht, man verwendet stattdessen *vems*. Der absolute Gebrauch von *vilka* ist umgangssprachlich. Bei-

spiel: *Vilka har du skrivit till?* (An wen hast du geschrieben?) Man kann auch sagen:
Vem har du skrivit till?
(Indirekter Fragesatz:)
Vet du **vilka som** *kommer där?* (*vilka* ist Subjekt) (Weißt du, wer dort kommt?)
Vet du **vilka** *han känner?* (*vilka* ist Objekt) (Weißt du, wen er kennt?)

Vilka är de där människorna? / **Wer** sind die Leute dort?
Vilka är *Astrid Lindgrens mest kända böcker?* / Welches sind Astrid Lindgrens bekann-
teste Bücher.

---

vad (...) för (was für)
vad (...) för slags (was für eine Art von)
vad (...) för något (någonting) (was)

Diese zweiteiligen Fragepronomen fragen nach Art und Beschaffenheit einer
Person oder Sache. *vad (...) för* und *vad (...) för slags* werden zusammen mit
einem Substantiv verwendet, das im Singular oder Plural stehen kann. Beispiele:
Vad *läser du* **för** *(en) tidning?* (Was für eine Zeitung liest du?), **Vad för slags**
verktyg använder du? **Vad** *använder du* **för slags** *verktyg?* (Was für eine Art von
Werkzeug verwendest du?). Das Substantiv kann fehlen wie in folgendem Bei-
spiel: *Vad är du för en?* (Was bist du für einer?). *vad (...) för något (någonting)* wird
nur alleinstehend verwendet. Beispiel: *Vad köpte du för något?* (Was hast du
gekauft?).

Dem Schwedischen *vad (...) för* entspricht das deutsche „was für", doch kann das
Schwedische den unbestimmten Artikel ausfallen lassen, das Deutsche nicht. Verglei-
chen Sie: **Vad** *har du* **för** *bil?* / **Was für ein** Auto hast du? *Vad (...) för något* hat im
Deutschen keine unmittelbare Entsprechung. *Vad äter du för något?* läßt sich z. B. mit
„Was ist das, was du da ißt?" wiedergeben.

7. Indefinitpronomen

---

någon (etwas; irgendein, -e; irgendwer, jemand)
något (etwas; irgendein; irgendetwas)
några (irgendwelche; welche)

Das Pronomen kann attributiv oder alleinstehend verwendet werden. Von *någon*
kann auch ein Genitiv gebildet werden: *Någons mamma har ringt* (Die Mutter
„von einem" hat angerufen).

1. Attributive Verwendung.
a. Bezeichnung einer unbestimmten Menge oder Zeit. Beispiele: *Har du något bröd hemma* (Hast du [etwas] Brot zu Hause?), *för någon tid sedan* (vor einiger Zeit).
b. Bezeichnung einer beliebigen Sache oder einer beliebigen Person. Beispiele: *Finns det något hotell här?* (Gibt es hier ein Hotel?), *Bor det några svenskar på hotellet?* (Wohnen Schweden im Hotel?). Dagegen sagt man: *Har du bil?* (Hast du ein Auto?).

2. Nichtattributive Verwendung
a. Bezeichnung von nicht näher bestimmten Personen oder Sachen.
Beispiele: *Känner du någon i den här byn?* (Kennst du irgend jemand in dem Dorf hier?), *Där bor några som varken har elektricitet eller vatten* (Dort wohnen einige [welche], die weder Elektrizität noch Wasser haben). *Alltid händer det något* (Immer passiert etwas).
b. Bezeichnung von bereits erwähnten Personen oder Sachen.
Beispiel: *Här bor inga svenskar. Men på mitt studenthem bor det några* (Hier wohnen keine Schweden. Aber in meinem Studentenheim wohnen einige [welche]).

någonting (något) (irgend etwas, etwas)

Das Pronomen kann zusammen mit einem substantivierten Adjektiv oder allein verwendet werden. Beispiele: *Här får du någonting gott* (Hier bekommst du etwas Gutes), *Någonting måste ha hänt* (Etwas muß passiert sein). *någonting* und *något* sind gleichbedeutend.

inte någon	inte något	inte några
ingen (kein, -e; niemand, keiner)	**inget** (kein, keins)	**inga** (keine)

Es handelt sich bei diesen Pronomen um die Verneinungsformen der obenstehenden Pronomen, daher stimmt die Verwendungsart grundsätzlich überein. *ingen, inget, inga* kann allerdings die mit *inte* zusammengesetzte Form nicht in jedem Fall ersetzen. Das Pronomen steht nicht im Nebensatz und in Hauptsätzen nur, wenn keine zusammengesetzte Vergangenheitsform verwendet ist.

In folgenden Beispielsätzen ist es daher nicht möglich: *Jag vet att han inte har något pass* (Ich weiß, daß er keinen Paß hat), *Har du läst någon bok av Astrid Lindgren? – Nej, jag har inte läst någon* (Hast du irgendein Buch von A. L. gelesen?, – Nein, ich habe keins gelesen). Umgekehrt kann *ingen* nicht durch das mit *inte* zusammengesetzte Pronomen ersetzt werden, wenn es substantiviert ist: Beispiel: *Ingen lyssnade* (Keiner hörte zu).

inte någonting	Kurzform: **inte något**
ingenting (nichts)	Kurzform: **inget**

Diese Pronomen sind die Verneinungsformen von *någonting* bzw. *något*; ihre Verwendung unterliegt den gleichen Regeln wie die Verneinung von *någon, något, några*.

ingenting (inget) ist angebracht, wenn ein substantiviertes Adjektiv folgt. Beispiel: *Vad gör du? – Ingenting särskilt* (Was machst du? – Nichts Besonderes).

Zur Bildung der Negation stehen dem Schwedischen jeweils zwei Möglichkeiten zur Verfügung, dem Deutschen nur eine. Vergleichen Sie: *inte någon, ingen* / keine, -r, *inte någonting, ingenting* / nichts. Es gibt allerdings im Schwedischen Fälle, wo keine Alternative besteht. (Vergleichen Sie oben.)

Nominativ	**man, en** (man)
Objektfall	**en**
Genitiv	**ens**

man und *en* stehen allein, *ens* wird nur attributiv und nur dann verwendet, wenn das Substantiv, bei dem es steht, nicht das Objekt des Subjekts *man* ist. Andernfalls tritt das Possessivpronomen an seine Stelle. Beispiele: *Man vet inte hur världen ser ut när **ens** barn blir vuxna* (Man weiß nicht, wie die Welt aussieht, wenn die Kinder [von einem] erwachsen sind), *Man känner **sina** barn* (Man kennt seine Kinder).

Die Nominativform ist in der Regel *man*, doch kommt auch das zum Objektfall und zum Genitiv gehörende *en* vor. Beispiel: *En vet aldrig hur det blir* (Man weiß nie, was kommt).

Beide Sprachen verwenden verschiedene Pronomen für den Nominativ und den Objektfall (bzw. Dativ und Akkusativ). Vergleichen Sie: **Man** *köper bensinsnåla bilar /* **Man** kauft Autos, die wenig Benzin verbrauchen, *De lämnar* **en** *sällan i sticket* (Sie lassen **einen** selten im Stich). Das Deutsche kennt aber keine Genitivform. Sätze wie *Man vet inte hur världen ser ut när ens barn blir vuxna* sind daher wörtlich nicht übersetzbar („die Kinder von einem" ist stark umgangssprachlich).

---

all (alle, -r), **allt** (alles), **alla** (alle), **allting** (alles)

Die Neutrumformen *allt* und *allting* sowie der Plural *alla* können auch selbständig verwendet werden, *all* nur attributiv. Beispiele: *Allt var tyst* (Alles war ruhig), *Har du alla papper?* (Hast du alle Papiere?), *All möda var förgäves* (Alle Mühe war umsonst). Folgt ein Relativsatz, wird *all* zusammen mit dem Artikel verwendet: *Hon mindes* **all den** *kärlek de hade visat henne* (Sie erinnerte sich an all die Liebe, die sie ihr erwiesen hatten). *alla* steht für Personen, wenn es allein verwendet wird; in diesem Fall kann auch ein Genitiv *allas* (aller) gebildet werden. Beispiele: *Alla vill i princip samma sak* (Alle wollen im Prinzip das gleiche), *Det är allas önskan att du bor kvar i lägenheten* (Es ist der Wunsch aller, daß du weiterhin in der Wohnung bleibst).

Nach *alla* steht die bestimmte Form des Substantivs, wenn die Bedeutung „ausnahmslos" mitgedacht ist, sonst die unbestimmte Form.

allt kann auch zusammen mit einem substantivierten Adjektiv verwendet werden. Beispiel: *Vi önskar dig allt gott* (Wir wünschen dir alles Gute).

allt kann, im Gegensatz zu „alles", nicht für Personen gebraucht werden. Vergleichen Sie: *Alla skrattade /* Alles lachte.
Als Pluralform kommt *all* nur im Deutschen vor. Vergleichen Sie: **alla** *dessa människor /* **all** die Menschen.
Vergleichen Sie auch:
All *möda var förgäves /* **Alle** *Mühe war vergebens*
alla människor / alle Menschen
alla deltagarna / alle Teilnehmer („alle" ist betont).
Die umgangssprachliche Bedeutung von „alle" (zu Ende) kennt das Schwedische nicht. Vergleichen Sie: *Pengarna är slut /* Das Geld ist alle.

---

var (jede, -r), **vart** (jedes), **varje** (jede, -r, jedes), **varenda**, **vartenda** (jede, -r; jedes [einzelne]), **var och en** (ein jeder), **vart och ett** (ein jedes), **envar** (jedermann)

---

var und *vart* werden attributiv gebraucht. Beispiele: *Det vet var kvinna* (Das weiß jede Frau). *Vart fjärde år är ett skottår* (Jedes vierte Jahr ist ein Schaltjahr. – *var* bezieht sich, wenn es allein steht, auf das Subjekt und ist daher „je" vergleichbar. Beispiel: De *fick* **var** *sin smörgås* (oder: De *fick en smörgås* **var**) (Jeder bekam ein belegtes Brot; sie bekamen je ein belegtes Brot).

varje kann nur attributiv gebraucht werden. Beispiele: *Varje gång vi hälsade på henne bjöds vi på kaffe* (Jedesmal, wenn wir sie besuchten, wurden wir zum Kaffee eingeladen); *Vi tog varje tillfälle i akt* (Wir nahmen jede Gelegenheit wahr). (*varje* wird also auch zusammen mit Neutra verwendet!)

Das gleiche gilt für *varenda* und *vartenda*. Sie sind, genau so wie *var och en (vart och ett)* bedeutungsverstärkend. Beispiele: *Varenda människa i byn* (jeder Mensch im Dorf), *vartenda tillfälle* (jede Gelegenheit).

var och en (vart och ett) werden selbständig gebraucht oder mit einem dazugehörigen Substantiv durch *av* verbunden. Beispiele: *Var och en i församlingen anade vad prästen syftade på* (Ein jeder in der Gemeinde ahnte, worauf sich der Pfarrer bezog), *Vart och ett av barnen hade en fläck på näsan* (Jedes von den Kindern hatte einen Fleck auf der Nase). *Var och en* kann auch im Genitiv stehen: *Det är vars och ens uppfattning* (Das ist die Auffassung eines jeden).

envar ist altertümlich und wird wie das deutsche „Jedermann" als Eigennamen verwendet. Beispiel: *I Salzburg spelades „Envar"* (In Salzburg spielte man „Jedermann").

S/D *varje* ist im Gegensatz zu „jede, -r, -s" unveränderlich. Außerdem kann es nicht alleinstehend verwendet werden. „Jeder ist herzlich willkommen" müßte daher im Schwedischen mit *Alla är hjärtligt välkomna* wiedergegeben werden.
var entsprechen im Deutschen zwei Bedeutungen, „jede, -r" und „je". *var och en (vart och ett)* können wie das deutsche „jede, -r" mit einem Substantiv durch Verwendung einer Präposition verbunden werden. Vergleichen Sie: *var och en* **av** *deltagarna* / jeder **von** den Teilnehmern.

---

varannan (jede, -r zweite)   **vartannat** (jedes zweite)

Das Pronomen kann selbständig oder attributiv gebraucht werden. Beispiele: *Varannan bilist körde för fort* (Jeder zweite Autofahrer fuhr zu schnell), *Vartannat hus hade trädgård* (Jedes zweite Haus hatte einen Garten).

S/D Das Deutsche verwendet die schwache Form der Ordnungszahl, während das Schwedische die starke Form *annan/ annat* benutzt, die nicht mit der Ordnungszahl identisch ist; außerdem erfolgt Zusammenschreibung.

	Singular		Plural
Nominativ/Objektfall	**annan** (andere, -r)	**annat** (anderes)	**andra** (andere)
Genitiv	**annans**	–	**andras**

Das Pronomen kann alleinstehend oder attributiv verwendet werden; im Singular wird *en (ett)* oder *någon (något)* vorangestellt. Im Genitiv kann der unbestimmte Artikel fehlen. Beispiele: *En annan skulle inte förstå det* (Ein anderer [jemand anderes] würde es nicht verstehen), *Jag skulle vilja ha en annan (bok)* (Ich hätte gern ein anderes [Buch]), *Får man tälta på annans mark?* (Darf man auf Privatgrund zelten?) *Du borde ta hänsyn till andras önskemål* (Du solltest auf die Wünsche anderer Rücksicht nehmen), *Något annat?* (Sonst noch etwas?).
Starke und schwache Form des Singulars werden abweichend gebildet: *en annan fråga* (eine andere Frage), *den andra frågan* (die andere Frage). *annat* kann auch ohne *något* verwendet werden. Beispiel: *Annat är inte att tänka på* (An etwas anderes ist nicht zu denken).

S D Im Gegensatz zum Deutschen bildet das Schwedische die starke und schwache Form mit Hilfe von zwei verschiedenen Stammformen. Vergleichen Sie: *en* **annan** *bil* / ein **anderes** Auto, *den* **andra** *bilen* / das **andere** Auto. Verschiedene Stammformen haben im Schwedischen auch Singular und Plural *(annan, annat – andra)*. Vergleichen Sie auch:
Får man tälta på annans mark? / Darf man auf dem Grund eines anderen (auf Privatgrund) zelten?
Annat är inte att tänka på / An etwas anderes ist nicht zu denken.

	Singular		Plural
Utrum	**(mycken)**	**(mången)**	**många** (viele)
Neutrum	**mycket** (viel, -es)	**(månget)**	

Der Singular *mången, månget* kommt fast nur noch in formelhafter Sprache vor. Vergleichen Sie: *mången gång* (manches Mal), *i mångt och mycket* (in vieler Hinsicht). Der Plural kommt selbständig und attributiv vor. Beispiele: *Vi är många* (Wir sind viele), *Arne har många syskon* (Arne hat viele Geschwister).
mycket wird selbständig und attributiv verwendet; die Utrumform ist ungebräuchlich. Man sagt daher *Vi hade mycket snö den vintern* (Wir hatten in dem Winter viel Schnee).
In dem Satz *Det var mycket folk på gatan* (Es waren viele Leute auf der Straße) ist *mycket* auf eine größere Zahl von Menschen bezogen. Wenn es auf die Bezeich-

nung einer Menge ankommt, kann *mycket* auch in Verbindung mit einem Substantiv verwendet werden, das im Plural steht: *mycket grönsaker* (viel Gemüse).

Das Schwedische verwendet im Singular ein anderes Pronomen *(mycket)* als im Plural, während das Deutsche im Singular und Plural das gleiche Pronomen verwendet. Vergleichen Sie: *mycket* / **viel** – *många* / **viele**. *mycket* kann auch Pluralbedeutung haben: *mycket folk* / viele Leute.
Beachten Sie, daß *mycket* im Deutschen auch „sehr" bedeuten kann: *Han var mycket gammal* / Er war sehr alt.

---

lite(t) (ein wenig, etwas)

Diese unbestimmte Mengenbezeichnung kann sowohl mit Utra als auch mit Neutra zusammen verwendet werden. Selbständiger Gebrauch ist möglich. Beispiele: *Talar du svenska?* – *Bara lite(t)* (Sprichst du schwedisch? – Nur ein wenig), *Kan jag få lite grädde?* (Kann ich ein wenig Sahne haben?), *Jag går och köper lite bröd* (Ich gehe jetzt und kaufe etwas Brot).

Im Gegensatz zu „wenig" hat *lite(t)* keinen Plural. Man verwendet stattdessen *få* / wenige. Vergleichen Sie auch: *Kan jag få lite grädde* / Kann ich **ein** wenig Sahne haben?

Singular	Plural
vilken (…) som helst (jede, -r beliebige) **vilket (…) som helst** (jedes beliebige) **vem som helst** (jeder beliebige) **vad som helst** (nach Belieben, alles mögliche)	**vilka (…) som helst** (irgendwelche, welche du willst [ihr wollt])

vem som helst und *vad som helst* werden nur selbständig gebraucht, *vilken (vilket) som helst* und *vilka som helst* auch attributiv. *vem som helst* bezieht sich nur auf Personen. Es drückt aus, daß keine besonderen persönlichen Eigenschaften erforderlich sind und kann manchmal durch *alla* alle ersetzt werden.
Beispiele: *Det kan vem som helst göra* (Das kann jeder beliebige machen), *Ta vilken som helst* (Nimm irgendeine[n], welche[n] du willst), *Du kan få låna vilken bok som helst* (Du kannst jedes beliebige Buch ausleihen), *Vi fick fråga vad som helst* (Wir durften alles mögliche fragen), *Ta vilka som helst* (Nimm irgendwelche, welche du willst).

Das Indefinitpronomen hat im Deutschen keine genaue Entsprechung, doch kann eine ähnliche Bedeutung durch das unbestimmte Pronomen „jede, -r" mit dem Zusatz „beliebig" erzielt werden. Es kommen daneben auch andere Arten der Wiedergabe in Betracht. (Vergleichen Sie die Beispiele oben.)
Vergleichen Sie auch: *Han kommer vilken dag som helst* / Er kann jeden Tag kommen.

8. Reflexivpronomen

	Singular	Plural
1. Person	**mig** (mich)	**oss** (uns)
2. Person	**dig** (dich)	**er** (euch)
3. Person	**sig** (sich)	**sig** (sich)

1. und 2. Person Singular sowie 1. und 2. Person Plural stimmen mit dem Objektfall des Personalpronomens überein; in der dritten Person Singular und Plural unterscheiden sich die Pronomen: **honom, henne, den, det, dem** (Personalpronomen); **sig** (Reflexivpronomen).
Das Reflexivpronomen wird verwendet, wenn die Handlung auf das Subjekt rückbezogen ist. Beispiel: *De klär på sig* (Sie ziehen sich an), nicht aber, wenn die Wechselseitigkeit einer Handlung ausgedrückt werden soll. Beispiel: *De ser varandra* (Sie sehen sich, sie sehen einander). (→ reziprokes Verb).
Man verwendet das Reflexivpronomen auch in bestimmten Wendungen. Beispiele: *Det vet jag i och för sig* (Das weiß ich an und für sich), *Det är någonting för sig* (Das ist etwas anderes; das ist ein Fall für sich), *Det säger sig sjävt* (Das ist selbstverständlich), *Det gick av sig sjävt* (Es ging von selber), *Det tar sig* (Es macht sich).

Im Deutschen kann „einander" durch das Reflexivpronomen ersetzt werden (Sie lieben einander = sie lieben sich). Das Schwedische hat diese Möglichkeit nicht, weil das Reflexivpronomen keine Wechselseitigkeit ausdrückt. – Vergleichen Sie: *De träffar varandra* / Sie treffen **sich**. – Das schwedische Reflexivpronomen wird im Unterschied zum Deutschen nicht in Partizipialkonstruktionen verwendet. Vergleichen Sie: *mannen som närmar sig* / der sich nähernde Mann.
Statt des Reflexivpronomens kann im Schwedischen auch eine Passivkonstruktion stehen: *Hennes ögon* **fylldes** *med tårar* / Ihre Augen füllten **sich** mit Tränen.
Abweichender Gebrauch des Reflexivpronomens im Deutschen: *Man sitter mycket bekvämt i den här fåtöljen* / Es sitzt **sich** sehr bequem in diesem Sessel.
Übereinstimmung: *Det tar* **sig** / Es macht **sich**, *Det tar sig bra ut* / Es macht **sich** gut, *i och för* **sig** / an und für **sich**.
Weitere Vergleiche → Reflexives Verb.

VI. Verb

1. Infinitiv

Der Infinitiv ist die Grundform des Verbs. Er endet bei den meisten zwei- und mehrsilbigen Verben auf **-a**. Beispiele: *leva* leben, *arbeta* arbeiten, *leka* spielen, *sova* schlafen, *äta* essen, *flyga* fliegen. Abweichend gebildet ist die Grundform im Passiv und bei den sog. Deponentien (→ Passiv, Deponens).
Die einsilbigen Verben enden in der Grundform auf ihren Stammvokal (**-e, -o, -y, -å, -ä**). Beispiele: *le* lächeln, *bo* wohnen, *sy* nähen, *gå* gehen, *klä på sig* sich anziehen.
Dem Infinitiv ist nicht anzusehen, ob es sich um ein schwaches oder ein starkes Verb handelt bzw. ob (bei mehrsilbigen schwachen Verben) das Infinitiv-a zum Stamm gehört und daher bei der Bildung der verschiedenen Zeitformen und des Imperativs beibehalten werden muß oder nicht (→ schwaches Verb).
Der Infinitiv ist im Schwedischen in der Regel mit **att** verbunden: *att leva, att arbeta, att leka* usw. („Infinitivkennzeichen"). Auch in Titelform wird der Infinitiv gewöhnlich mit *att* verwendet. Beispiele: *Att handla på varuhus* (Einkaufen im Warenhaus), *Att virka och brodera* (Häkeln und Sticken [etwa als Überschrift]).
Ferner steht *att* beim Infinitiv
a) wenn dieser die Rolle des Subjekts übernimmt. Beispiel: *Att grädda tunna pannkakor är inte lätt* (Dünne Pfannkuchen zu backen ist nicht leicht).
b) wenn dieser die Rolle des Objekts übernimmt. Beispiel: *Han föredrog att tiga* (Er zog es vor zu schweigen).
c) wenn dieser die Rolle eines Präpositionalobjekts übernimmt. Beispiel: *Genom att prenumerera på en dagstidning var han alltid välinformerad* (Indem er eine Tageszeitung abonnierte, war er immer gut informiert).
d) wenn *det* die Rolle des Subjekts übernimmt. Beispiel: *Det är svårt att tänka sig* (Man kann es sich schwer vorstellen).
e) nach *utan* und *istället för*. Beispiel: *Han hälsade utan att stanna* (Er grüßte, ohne stehen zu bleiben), *Istället för att resa utomlands skulle vi kunna åka till fjällen* (Anstatt eine Auslandsreise zu machen, könnten wir in die Berge fahren).

Der Infinitiv wird ohne *att* verwendet
a) in Konstruktionen wie *Han anses vara duktig* (Er wird für tüchtig gehalten).
b) wenn das Verb mit einem Modalverb verbunden ist. Beispiel: *Du måste sova nu* (Du mußt jetzt schlafen).
c) nach Verben wie *tycka* scheinen, *lyckas* gelingen, *hinna* Zeit finden, *orka* können, schaffen, *bruka* pflegen, *låtsas* so tun als ob, *råka* zufällig + Verb, *slippa* darum herumkommen, *tänka* vorhaben.

Beispiele: *Han tycks sova* (Er scheint zu schlafen), *Vi lyckades övertyga honom* (Es gelang uns, ihn zu überzeugen), *Jag har inte hunnit handla än* (Ich bin noch nicht dazu gekommen, einzukaufen), *Orkar du lyfta stenen?* (Kannst du den Stein aufheben?), *Vad brukar ni göra på söndagarna?* (Was macht ihr im allgemeinen sonntags?), *Hon låtsas vara trött* (Sie tut so, als ob sie müde wäre), *Jag råkade träffa honom på stan* (Ich habe ihn zufällig in der Stadt getroffen), *Du slipper betala* (Du brauchst nicht zu bezahlen), *Tänker du stanna?* (Hast du vor zu bleiben?)

Hierher gehören immer häufiger auch die Verben *börja* anfangen, *sluta* aufhören und *försöka* versuchen, die früher meistens mit *att* verbunden waren.

d) nach *se* und *höra*. Beispiel: *Vi hörde henne skratta* (Wir hörten sie lachen).

2. Schwaches Verb (1., 2. und 3. Konjugation)

Das schwache Verb unterscheidet sich vom starken Verb, indem es die Vergangenheitsformen mit Hilfe von Suffixen (d. h. angehängte Endsilben) bildet und nicht durch Veränderung des Stammvokals.

Konjugationen

Bei den schwachen Verben sind drei Konjugationen zu unterscheiden:

	I. Konjugation	II. Konjugation	III. Konjugation
Infinitiv Präsens	**(att) bada** (baden)	**(att) stänga** (schließen) **(att) läsa** (lesen)	**(att) bo** (wohnen)

55

	I. Konjugation	II. Konjugation	III. Konjugation
Indikativ Präsens	bada<u>r</u> (bade, badest etc.)	stäng<u>er</u> (schließe, schließt etc.) läs<u>er</u> (lese, liest etc.)	bo<u>r</u> (wohne, wohnst etc.)
Imperfekt	bada<u>de</u> (badete, badetest etc.)	stäng<u>de</u> (schloß, schlossest etc.) läs<u>te</u> (las, lasest etc.)	bo<u>dde</u> (wohnte, wohntest etc.)
Supinum	bada<u>t</u> (gebadet)	stäng<u>t</u> (geschlossen) läs<u>t</u> (gelesen)	bo<u>tt</u> (gewohnt)

● **Erläuterungen**

In der **ersten Konjugation** bleibt das a des Infinitivs bei der Bildung des Präsens, des Imperfekts und des Supinums erhalten, bei der zweiten Konjugation entfällt es. Zur Bildung der Personalendung Indikativ Präsens muß in der **zweiten Konjugation** ein e eingeschoben werden. In der **dritten Konjugation**, die aus einsilbigen, auf Vokal endenden Verben besteht, wird zur Bildung des Indikativ Präsens ein **-r** angehängt, der Stammvokal bleibt (auch bei der Vergangenheitsbildung) erhalten.

Innerhalb der zweiten Konjugation sind zu unterscheiden:
a) Verben, die ein **-de** anhängen, b) Verben, die ein **-te** anhängen.
-de wird angehängt, wenn der vorausgehende Konsonant stimmhaft („weich") ist. Beispiele: *stängde* (schloß, …), *värmde* (wärmte, …), *hängde* (hängte, …).
-te wird angehängt, wenn der vorhergehende Konsonant stimmlos („hart") ist. Beispiele: *läste* (las, …), *köpte* (kaufte, …).
Die Vergangenheitsfomen der dritten Konjugation unterscheiden sich von der Infinitiv- und der Präsensform nicht nur durch das angehängte **-dde** bzw. **-tt**, sondern auch durch die Kürze des Stammvokals.
Das Supinum wird immer mit **t** bzw. **tt** (3. Konjugation) gebildet, der Wechsel zwischen **d** und **t** bzw. zwischen **dd** und **tt** (3. Konjugation) kommt nur bei den reinen Partizipformen vor, die nicht zur Bildung der Vergangenheit herangezogen werden (→ Perfektpartizip).

● **Besonderheiten der Bildung**

Stammkonsonant l und r
1. Konjugation *ta<u>l</u>a* (sprechen)   Indikativ Präs., Imperfekt: *ta<u>l</u>ar, talade*
                va<u>r</u>a (dauern)   Indikativ Präs., Imperfekt: *va<u>r</u>ar, varade*
    Ausnahme *spa<u>r</u>a* (sparen)   Indikativ Präs., Imperfekt: *spa<u>r</u>ar* oder
                                                                    spa<u>r</u>, sparade /
                                                                    sparde

2. Konjugation *tå̱la* (dulden, ertragen) Indikativ Präs., Imperfekt: *tåḻ, tålde*
           hö̱ra (hören)   Indikativ Präs., Imperfekt: *höṟ, hörde*
Ausnahme *sky̱la över* (bemänteln) Indikativ Präs., Imperfekt: *sky̱ler, skylde*
           kyla (kühlen)   Indikativ Präs., Imperfekt: *ky̱ler, kylde*

Verdoppelung des Stammkonsonanten, Stammvokal wird dabei kurz.
2. Konjugation a. *le̱da* (führen)   Imperfekt: *le̱dde*   Supinum: *le̱tt*
             b. *skö̱ta* (pflegen)   Imperfekt: *skö̱tte*   Supinum: *skö̱tt*
             c. *he̱ta* (heißen)   Imperfekt: *he̱tte*   Supinum: *(hetat)*

Ausfall eines **d** bzw. **t** bei der Vergangenheitsbildung.
2. Konjugation a. *vä̱nda* (wenden)   Imperfekt: *vä̱nde*   Supinum: *vä̱nt*
             b. *vä̱lta* (umwerfen)   Imperfekt: *vä̱lte*   Supinum: *vä̱lt*
             c. *gi̱fta sig* (heiraten) Imperfekt: *gi̱fte sig*   Supinum: *gi̱ft sig*

Ausfall eines **m** oder **n** bei der Vergangenheitsbildung.
2. Konjugation a. *kä̱nna* (kennen)   Imperfekt: *kä̱nde*   Supinum: *kä̱nt*
             b. *drö̱mma* (träumen) Imperfekt: *drö̱mde*   Supinum: *drö̱mt*

S̲D̲ Wie im Deutschen wird die Vergangenheit der schwachen schwedischen Verben durch Suffixe gebildet. Vergleichen Sie: *drömd̲e̲* / träumte, *drömt̲* / geträumt. Das Schwedische unterscheidet allerdings zwischen **-de-** und **-te-**Suffix. (Vergleichen Sie oben.)
Beachten Sie: Viele Verben, die leicht als verwandt zu erkennen sind, sind sowohl im Schwedischen als auch im Deutschen schwach. Ausnahmen sind: *träffade /* traf, *hjälpte / half*, *läste / las*, *tänkte /* dachte, *ropade /* rief, *fördärvade /* verdarb, *förvärvade /* erwarb. Im Unterschied zum Deutschen hat das Schwedische nur **eine** Personalendung. Die früher noch übliche Unterscheidung zwischen Singular und Plural (Beispiel: *han ropar̲* / er ruft, *de ropa /* sie rufen) ist nicht mehr gebräuchlich, auch nicht in der Schriftsprache.

3. Starkes Verb (4. Konjugation)

Das starke Verb bildet die vierte Konjugation. Zur Vergangenheitsbildung ändert es den Stammvokal (sog. Ablaut).

Infinitiv	**(att) dricka** (trinken)	**(att) sjunga** (singen)
Indikativ Präsens	**dricker** (trinke, trinkst etc.)	**sjunger** (singe, singst etc.)
Imperfekt	**drack** (trank, trankst etc.)	**sjöng** (sang, sangst etc.)
Supinum	**druckit** (getrunken)	**sjungit** (gesungen)

● **Erläuterungen**

Die Personalendung Indikativ Präsens ist -er, sofern das Verb nicht einsilbig ist und auf einen Vokal endet wie *ta* nehmen, die Kurzform von *taga*. In diesen Fällen wird nur ein -r angehängt: *tar* (nehme, nimmst etc.). Das Supinum endet in der Regel auf -it. Ausnahmen: *dyka* tauchen – *dykt, duga* taugen – *dugt, ligga* liegen – *legat, sprida* verbreiten – *spritt*. Einsilbige auf Vokal hängen in der Regel -tt an: *se* sehen – *sett, gå* gehen – *gått* (der Stammvokal wird kurz). Vergleichen Sie dagegen die durch Verkürzung entstandenen Verben *ta* nehmen – *tagit, bli* werden – *blivit, dra* ziehen – *dragit*.

● **Besonderheiten der Bildung**

Wegfall der Personalendung Indikativ Präsens: *stjäla* stehlen – *stjäl, gala* krähen – *gal*.
Stammkonsonant r und Personalendung verschmelzen: *skära* schneiden – *skär*, *bära* tragen – *bär*
Wegfall eines m im Imperfekt: *komma* kommen – *kom* kam, ...

4. Unregelmäßiges Verb

Zu dieser Gruppe gehören die schwachen Verben mit sog. „Rückumlaut" (der Umlaut wird bei der Bildung der Vergangenheit rückgängig gemacht). Hierbei können sich weitere Veränderungen des Stamms ergeben.

Infinitiv	Imperfekt	Supinum
göra machen	*gjorde*	*gjort*
sätta setzen	*satte*	*satt*
lägga legen	*la(de)*	*lagt*
säga sagen	*sa(de)*	*sagt*

58

dölja verbergen	*dolde*	*dolt*
glädja freuen	*gladde*	*glatt*
sälja verkaufen	*sålde*	*sålt*
välja wählen	*valde*	*valt*
vänja gewöhnen	*vande*	*vant*

Das Deutsche kennt ebenfalls den Rückumlaut (vergleichen Sie: senden – sandte), doch ergibt sich im Einzelfall selbst bei verwandten Wörtern keine Übereinstimmung. Vergleichen Sie: *lägga* – *lade* – *lagt* / legen – legte – gelegt, *vända* – *vände* – *vänt* / wenden – wandte – gewandt.

5. Modalverb

Infinitiv	**kunna** (können)	**vilja** (wollen)	**skola** (sollen)	–
Indikativ Präsens	**kan** (kann, kannst etc.)	**vill** (will, willst etc.)	**ska(ll)** (soll, sollst etc.)	**måste** (muß, mußt etc.)
Imperfekt	**kunde** (konnte, konntest etc.)	**ville** (wollte, wolltest etc.)	**skulle** (sollte, solltest etc.)	**måste** (mußte, mußtest etc.)
Supinum	**kunnat** (gekonnt)	**velat** (gewollt)	**skolat** (gesollt)	**måst** (gemußt)

Infinitiv	**få** (dürfen, müssen)	**böra** (sollen)	–
Indikativ Präsens	**får** (darf, darfst etc.)	**bör** (soll, sollst etc.)	**lär** (soll)
Imperfekt	**fick** (durfte, durftest etc.)	**(borde)**	–
Supinum	**fått** (gedurft)	**bort** (gesollt)	–

● **Erläuterungen**

Im Unterschied zu den meisten anderen Verben wird bei den Modalverben (mit Ausnahme von *böra, få* und *lär*[10]) das Präsens nicht durch Anhängen einer Personalendung gebildet. Bei *kunna* und *skola* stimmt außerdem der Vokal der Präsensform nicht mit dem Vokal der Infinitivform überein.

Die Imperfektformen *kunde, ville, skulle* und *fick* können auch Konjunktivbe-

---

10 *böra* und *lär* verwenden allerdings den Stammkonsonanten **r** zur Bildung der Personalendung: *Han lär vara hemma* (Er soll zu Hause sein).

deutung haben. Beispiele: *Om jag bara kunde förstå honom* (Wenn ich ihn nur verstehen könnte), *Om jag ville skulle jag nog kunna* (Wenn ich wollte, könnte ich wohl), *Om han fick träffa dig skulle han bli glad* (Wenn er dich treffen dürfte, würde er sich freuen). Daneben gibt es die Umschreibung des Konjunktivs mit *skola* (→ Konjunktiv).

måste sollte als Imperfektform nur gebraucht werden, wenn es nicht mit der Präsensform zu verwechseln ist. Andernfalls ist eine Umschreibung angebracht. Beispiel: *Ulf var tvungen att göra det* (Ulf war gezwungen es zu tun, mußte es tun). Einige Modalverben können auch selbständig auftreten. Beispiele: *Det kan du säkert* (Das kannst du sicher), *Bara om du vill* (Nur wenn du willst), *Du får!* (Du darfst!).

kunna entspricht weitgehend dem deutschen „können". Beispiele: (Können, Fähigkeit:) *Kan du spela piano?* / Kannst du Klavier spielen? (Möglichkeit:) *Det kan hända* / Das kann passieren. (höfliche Aufforderung:) *Kan du öppna dörren åt mig?* / Kannst du mir die Tür aufmachen?
Die Bedeutung „dürfen" wird im Schwedischen gewöhnlich durch *kunna* + *få* erzielt. Vergleichen Sie: *Kan jag få komma in?* / Kann ich hereinkommen?

vilja entspricht dem deutschen „wollen", wird aber durch *skola* ersetzt, wenn eine Absicht ausgedrückt werden soll. Vergleichen Sie: **Ska** *vi gå på bio i kväll?* / **Wollen** wir heute abend ins Kino gehen? Beachten Sie auch folgenden Unterschied: Jag **vill** ha falukorv med bruna bönor / Ich **möchte** „Falukorv" mit roten Bohnen haben. (Etwas höflicher ist *Jag skulle vilja ha ...*)

skola entspricht „sollen" (Beispiel: *Du skall icke döda* / Du sollst nicht töten), hat aber auch die Bedeutung „beabsichtigen". Beispiele: *Ska du gå på bio?* / Hast du die Absicht, ins Kino zu gehen?, *Han skulle komma senare* / Er wollte später kommen.

(måste) entspricht im allgemeinen „müssen". Beispiele: *Du måste sova nu* / Du mußt jetzt schlafen, *Jag måste gå till banken* / Ich muß auf die Bank (gehen).
Übereinstimmend wird das Modalverb in der Verneinung nur gebraucht, wenn es betont ist; sonst verwendet man *behöva* / brauchen.
Beispiel (betont:) *Du* **måste** *inte arbeta* / Du **mußt** nicht arbeiten, (unbetont:) *Du* **behöver** *inte låsa dörren* / Du **brauchst** die Tür **nicht** abzuschließen.

få entspricht „dürfen". Beispiele: *Får man plocka den här blomman?* / Darf man die Blume hier pflücken?, *Ni får inte skräpa ner* / Ihr dürft keinen Abfall hinterlassen.
Daneben kann das Modalverb aber auch „müssen" bedeuten. Vergleichen Sie: *Vi fick vänta en hel timme* / Wir mußten eine ganze Stunde warten.
Eine Erlaubnis drückt auch *kunna* + *få* aus: *Du kan få komma nu* / Du kannst jetzt kommen. Eine genaue deutsche Entsprechung gibt es nicht.

böra ähnelt in seiner Bedeutung dem deutschen „soll(t)en". Es drückt eine starke Empfehlung aus und wird besonders im Schriftschwedisch verwendet. Beispiel: *Dörren bör vara stängd* / Die Tür sollte [muß] geschlossen bleiben.
borde läßt sich im Deutschen durch die Konjunktivform von „sollen" + „eigentlich" wiedergeben. Beispiel: *Ni borde stanna hemma i kväll* / Sie sollten heute abend eigentlich zu Hause bleiben. Es handelt sich also der Bedeutung nach nicht um das Imperfekt.

(**lär**) hat im Deutschen keine direkte Entsprechung und muß umschrieben werden. Beispiel: *Han lär vara från Spanien* / Er soll aus Spanien sein; es heißt, daß er aus Spanien ist.

Wie im Deutschen haben einige Modalverben auch eine Nebenbedeutung, durch die bestimmte Vorbehalte oder Überzeugungen des Sprechenden ausgedrückt werden. Beispiele:
Han kan vara hemma / Er kann zu Hause sein (= ich halte es für möglich)
Det måste vara Erik / Das muß Erik sein (= ich bin überzeugt)
vilja kann nicht wie im Deutschen eine Behauptung ausdrücken. (Vergleichen Sie: „Er will uns gesehen haben"). Hier ist im Schwedischen eine Umschreibung nötig: *Han påstår att han har sett oss* / Er behauptet, uns gesehen zu haben.

6. Hilfsverb (+ Perfektpartizip, Supinum, Infinitiv)

Infinitiv	(**att**) **vara** (sein) + Perfektpartizip	(**att**) **bli** (werden) + Perfektpartizip
Futur	**ska(ll) vara** + PP[11]	**ska(ll) bli** + PP
Indikativ Präsens	**är** + PP	**blir** + PP
Imperfekt	**var** + PP	**blev** + PP
Perfekt	**har varit** + PP	**har blivit** + PP
Plusquamperfekt	**hade varit** + PP	**hade blivit** + PP

Infinitiv	(**att**) **ha** (haben) + Supinum	[skola]
Futur		**ska(ll)** (werde, wirst etc.) + Infinitiv
Indikativ Präsens		
Imperfekt		
Perfekt	**har** + Supinum	
Plusquamperfekt	**hade** + Supinum	

---

11 PP = Perfektpartizip

● **Erläuterungen**

vara wird nicht als Hilfsverb zur Bildung der Vergangenheitsformen herangezogen. Es wird zusammen mit einem Perfektpartizip verwendet, um einen Zustand zu bezeichnen. Beispiele: *Hunden är bortsprungen* (Der Hund ist entlaufen), *Dörren är nymålad* (Die Tür ist frisch gestrichen = Zustandspassiv → Passiv).

bli wird zur Bildung des Passivs verwendet (→ Passiv). Beispiel: *Cykeln blev stulen* (Das Fahrrad wurde gestohlen).

ha ist das einzige Hilfsverb, das zur Bildung des Perfekts und des Plusquamperfekts herangezogen wird. Beispiele: *Mamma har köpt en röd klänning* (Mutter hat ein rotes Kleid gekauft), *När vi ringde på hade de redan gått* (Als wir läuteten, waren sie schon weggegangen).

skola wird zusammen mit dem Infinitiv des Hauptverbs zur Bildung des Futurs verwendet. Beispiel: *I morgon ska allting vara klart* (Morgen wird alles fertig sein). Anstelle von *skola* + Infinitiv kann auch **komma** + **att** + Infinitiv Verwendung finden. Beispiel: *Kommer de att stanna kvar?* (Werden sie hierbleiben?) (→ Futur).

vara und *bli* bedienen sich ihrerseits zur Bildung des Perfekts und des Plusquamperfekts des Hilfsverbs *ha*. Beispiele: *Katten har varit inlåst hela tiden* (Die Katze ist die ganze Zeit eingeschlossen gewesen), *Paraplyet har blivit kvarglömt* (Der Schirm ist vergessen worden). *ha* benötigt **als Hauptverb** ebenfalls das Hilfsverb *ha*: *Har du haft ont?* (Hat es weh getan?).

Die Hilfsverben haben ähnliche Funktionen wie im Deutschen. *ha* wird wie „haben" zur Bildung der Vergangenheitsformen benutzt. Vergleichen Sie: *Han* **har** *ätit* / Er **hat** gegessen, *Han* **hade** *ätit* / Er **hatte** gegessen. Es entspricht aber auch dem deutschen „sein". Beispiel: *Han* **har** *åkt* / Er **ist** gefahren.
vara und „sein" werden übereinstimmend zur Bildung des Zustandspassivs benutzt. Vergleichen Sie: *Dörren* **är** *låst* / Die Tür **ist** verschlossen.
bli hat die gleiche Funktion bei der Passivbildung wie „werden": *Han* **blev** *uppsagd* / Ihm **wurde** gekündigt.
ska + *Infinitiv* ist nicht immer dem deutschen Futur vergleichbar. In dem Satz *Vad* **ska** *vi göra i kväll?* entspricht es z. B. dem deutschen Satz „Was **wollen** wir heute abend machen?".

---

7. Deponens

Unter der Bezeichnung Deponens versteht man Verben, die passive Form haben (→ Passiv), deren Bedeutung aber aktiv ist.
Wie bei anderen Verben kann man verschiedene Konjugationen unterscheiden.

	I. Konjugation	II. Konjugation	III. Konjugation	IV. Konjugation
Infinitiv	**(att) andas** (atmen)	**(att) trivas** (sich wohl-fühlen) **synas** (sichtbar sein)	**(att) brås** (på) (nachschlagen)[12]	**(att) umgås** (verkehren)
Indikativ Präsens	**andas** (atme, atmest etc.)	**trivs** (fühle mich wohl, fühlst dich wohl etc.) **syns** (bin sichtbar, bist sichtbar etc.)	**brås** (på) (schlage ... nach, schlägst nach ... etc.)	**umgås** (ver-kehre, verkehrst etc.)
Imperfekt	**andades** (atmete, atmetest etc.)	**trivdes** (fühlte mich wohl, fühltest dich wohl etc.) **syntes** (war sichtbar, warst sichtbar etc.)	**bråddes** (på) (schlug ... nach, schlugst ... nach etc.)	**umgicks** (ver-kehrte, ver-kehrtest etc.)
Supinum	**andats** (ge-atmet)	**trivts** (wohl-gefühlt)	**bråtts** (på) (nachge-schlagen)	**umgåtts** (ver-kehrt)

● **Erläuterungen**

1. Konjugation: Im Indikativ Präsens erscheint anstelle des auslautenden **-r** ein **-s**; deshalb stimmen Infinitiv und Indikativ Präsens überein. Imperfekt und Supinum werden gebildet wie die anderen Verben, jedoch unter Hinzufügung eines **-s**. Vergleichen Sie: *hoppade* sprang und *hoppades* hoffte.

In der **2. Konjugation** fällt das a des Infinitivs aus, das s tritt ohne Zwischenschaltung eines e an den Stamm an. Für Imperfekt und Supinum gilt der gleiche Wechsel von **d** und **t** wie bei den Nicht-Deponentien. Beispiele: *Trivdes du i Stockholm?* Gefiel es dir in Stockholm?), *De mindes händelsen* (Sie erinnerten sich an das Ereignis), *De syntes på långt håll* (Man sah sie von weitem), *Det märktes* (Man merkte es), *Han tycktes vara nöjd* (Er schien zufrieden zu sein).

3. Konjugation: Anstelle der Personalendung **-r** erscheint im Präsens ein **-s**. Im Imperfekt und Supinum hängt das Deponens ein **-s** an die Imperfektform an

---

12 In der Bedeutung „Familienähnlichkeit haben"

(diese ist sonst identisch mit dem Imperfekt der Nicht-Deponentien). Beispiel: *Han bråddes* (Vokal wird kurz → schwaches Verb) *på sin far* (Er schlug seinem Vater nach).

4. Konjugation: Hier wird ebenfalls das **-r** durch ein **-s** ersetzt. Imperfekt und Supinum werden gebildet unter Hinzufügung von **-s**. Beispiel: *De umgicks bara med grannarna* (Sie verkehrten nur mit den Nachbarn), *De har bara umgåtts med grannarna* (Sie haben nur mit den Nachbarn verkehrt).

Folgende Deponentien kommen häufig in der unpersönlichen Form vor:

det märks (man merkt es)
det känns (man fühlt es, man spürt es)
det syns (man sieht es)
det behövs (es ist notwendig, man braucht es)

Deponentien können auch eine Eigenschaft bezeichnen: *Hunden bits* (Der Hund ist bissig), *Biet sticks* (Die Biene kann stechen), *Nässlorna bränns* (Die Brennesseln können brennen).

Das Deutsche kennt das Deponens nicht, d. h. alle schwedischen Deponentien sind durch aktive Verben wiederzugeben, sofern nicht ein Adjektiv mit passiver Bedeutung die Entsprechung bildet. Beispiel: *synas* / sichtbar sein. *lyckas* kann im Deutschen nur unpersönlich wiedergegeben werden: *jag lyckas* / es gelingt mir. In einigen Fällen wird durch das Deponens eine Eigenschaft bezeichnet. In diesem Fall kann die Verwendung eines Adjektivs oder des Modalverbs „können" bei der deutschen Wiedergabe angebracht sein. Vergleichen Sie: *Hunden bits* / Der Hund ist **bissig**, *Biet sticks* / Die Biene **kann** *stechen*.

8. Reziprokes Verb

Das reziproke Verb stimmt hinsichtlich seiner Form mit dem Deponens überein; das auslautende **s** bezeichnet hier jedoch die Wechselseitigkeit des bezeichneten Vorgangs. Im Unterschied zu den Deponentien können die reziproken Verben deshalb nur im Plural verwendet werden. Reziproke Verben sind: *ses* sich sehen, *träffas* sich treffen, *enas* sich einigen, *mötas* sich begegnen, *samlas* sich versammeln, *skiljas* sich scheiden lassen.

Die Bedeutung des reziproken Verbs läßt sich im Deutschen meist mit Hilfe des Reflexivpronomens oder durch „einander" wiedergeben. Beispiele: *Vi ses i kväll* / Wir sehen **uns** heute abend, *De träffas dagligen* / Sie treffen **sich (einander)** täglich. Die Bedeutung „ich treffe mich mit dir" ist nicht durch das schwedische *träffas* zu erzielen, da dieses nicht im Singular verwendet werden kann.

9. Reflexives Verb

1. *jag tvättar* **mig** (ich wasche mich)
2. *du tvättar* **dig** (du wäschst dich)
3. *han (hon, det) tvättar* **sig** (er [sie, es] wäscht sich)
1. *vi tvättar* **oss** (wir waschen uns)
2. *ni tvättar* **er** (ihr wascht euch)
3. *de tvättar* **sig** (sie waschen sich)

Im Gegensatz zum reziproken Verb (vergleichen Sie oben) kann das reflexive Verb im Singular und Plural verwendet werden. Das verwendete Reflexivpronomen stimmt in der 1. und 2. Person Singular und Plural mit dem Objektfall des Personalpronomens überein. Die Bedeutung „einander" wird durch das reziproke Verb, nicht durch das reflexive *sig* erzielt. „Sie treffen sich" heißt also nicht *de träffar sig* sondern *de träffas*.

SD

In den meisten Fällen entspricht einem reflexiven Verb im Schwedischen ein reflexives Verb im Deutschen, doch gibt es auch hier Abweichungen. Vergleichen Sie:
Han lär **sig** *svenska* / Er lernt schwedisch
Ta på **dig** *mössan!* / Setz die Mütze auf!
Det färgar av **sig** / Es färbt ab
Hon vägrar / Sie weigert **sich**
Vad handlar det om? / Worum handelt es **sich**?
Har du sökt? / Hast du **dich** beworben?

10. Tempus

Das Schwedische unterscheidet folgende Zeiten:
Präsens, Imperfekt (Präteritum), Perfekt, Plusquamperfekt, Futur.
Das **Präsens** ist, wie der Name sagt, die Gegenwartsform des schwedischen *nu-tid* Verbs. Beispiel: *Han öppnar fönstret* (Er öffnet das Fenster). Es kann auch als „historisches Präsens" benützt werden: in diesem Fall wird im Präsens erzählt, obwohl der Vorgang zeitlich abgeschlossen ist (Stilmittel). Ferner kann es das Futur vertreten: *När kommer han?* (Wann kommt er? = Wann wird er kommen?)

Für die Verwendung des **Imperfekts** gibt es folgenden Anhaltspunkt: Wenn der Satz eine Angabe enthält, durch die erkennbar wird, daß der Vorgang zeitlich *då-tid* abgeschlossen ist (also z. B. *i går* gestern, *förra året* voriges Jahr, *för fem minuter sedan* vor fünf Minuten), kann nur das Imperfekt verwendet werden.

Das **Perfekt** ist eine aus Hilfsverb *(ha)* und Supinum (→ Supinum) zusammengesetzte Zeitform. Sie wird verwendet, wenn das Resultat einer Handlung oder eines

Vorgangs wichtiger ist als die Handlung oder der Vorgang selbst. Beispiel: *Har du läst boken?* (Hast du das Buch gelesen?). Es kommt hier weniger auf den Vorgang des Lesens als auf die Kenntnis des Inhalts an. – Das Perfekt ist ferner angebracht, wenn ein Bezug zur Gegenwart des Sprechenden vorhanden ist. Auf die Frage *„Vad har ni gjort idag?"* (Was habt ihr heute gemacht?) antwortet man z. B. *„Vi har varit på stan och handlat"* (Wir sind in der Stadt gewesen und haben eingekauft), obwohl der Vorgang zum Zeitpunkt des Erzählens zeitlich abgeschlossen ist. Der Tag ist nämlich noch nicht zu Ende! Den entscheidenden Hinweis gibt in diesem Fall ebenfalls die Zeitangabe.

Das **Plusquamperfekt** (die Vorvergangenheit) wird verwendet, wenn der Vorgang früher liegt als ein anderer abgeschlossener Vorgang, von dem gerade die Rede ist. Beispiel: *Sedan hon hade diskat satte hon på TV:n* (Nachdem sie abgewaschen hatte, schaltete sie den Fernseher ein). Das Plusquamperfekt wird gebildet aus der Imperfektform des Hilfsverbs *ha* und dem Supinum (→ Hilfsverb).

Das **Futur** ist eine zusammengesetzte Zeitform, gebildet aus *skola* + Infinitiv des Hauptverbs bzw. aus *komma att* + Infinitiv des Hauptverbs.
1. *Han ska träffa Eva* (Er wird Eva treffen; er beabsichtigt, Eva zu treffen)
2. *Han kommer att träffa Eva* (Er wird Eva treffen)
Hinzu kommt noch die Möglichkeit, die Präsensform zu verwenden:
3. *I kväll kommer Eva* (Heute abend kommt Eva)

Ⓢ
Ⓓ
Alle Zeitformen sind dem Deutschen vergleichbar. Das Präsens kann in beiden Sprachen zur Bildung von Sätzen mit Vergangenheits- und Futurbedeutung herangezogen werden. Beim Imperfekt ergeben sich insofern Unterschiede, als die Verwendung eines Zeitbegriffs mit Vergangenheitscharakter die Verwendung des Perfekts im Deutschen grundsätzlich nicht verhindert. Der Satz *Igår var jag i Stockholm* kann also mit „Gestern **bin** ich in St. gewesen" wiedergegeben werden. Zwar kennt auch das Deutsche die Verwendung des Perfekts, um das Resultat einer Handlung hervorzuheben („Hast du das Buch gelesen?"), doch spielen bei der Verwendung des Perfekts regionale und umgangssprachliche Besonderheiten eine Rolle (Bevorzugung des Perfekts in der Umgangssprache, besonders in Süddeutschland).

Ein wesentlicher Unterschied ergibt sich, wenn die Fortdauer einer Handlung (eines Vorgangs) in der Gegenwart bezeichnet werden soll. Der Satz *Hur länge har du bott här?* kann im Deutschen nicht mit dem Perfekt wiedergegeben werden, sondern verlangt eine adverbiale Umschreibung: „Wie lange wohnst du schon hier? Seit wann wohnst du hier?"
Das Plusquamperfekt erfüllt dieselbe Aufgabe wie im Deutschen, ebenso das Futur. *skola* + Infinitiv drückt aber, im Unterschied zu „werden" + Infinitiv, auch eine Absicht aus. (*Jag ska gå på bio* kann also ebenso mit „Ich werde ins Kino gehen" wie mit „Ich habe die Absicht, ins Kino zu gehen" wiedergegeben werden.) Dem deutschen Futur entspricht *komma* + Infinitiv besser.

Beachten Sie folgenden Unterschied:
Det var synd (trevligt etc.) / Das ist schade (nett usw.)

„Tempusharmonie"

a. Hauptsatz Präsens:
Han lagar maten
(Er bereitet das Essen zu

Nebensatz Präsens:
medan hon tittar på TV
während sie fernsieht)

b. Hauptsatz Präsens:
När han kommer hem
(Als [wenn] er heimkommt

Nebensatz Perfekt:
har hon redan gått
ist sie schon gegangen)

c. Hauptsatz Futur:
Jag ska koka kaffe
(Ich werde Kaffee kochen

Nebensatz Präsens:
när du kommer
wenn du kommst)

d. Hauptsatz Imperfekt:
Jag visste
(Ich wußte

Nebensatz Futur (Konjunktiv):
att du skulle ringa
daß du anrufen würdest)

e. Hauptsatz Imperfekt:
Han skulle just gå
(Er wollte gerade gehen

Nebensatz Imperfekt:
när det ringde på dörren
als es an der Tür klingelte)

f. Hauptsatz Imperfekt:
Det ringde på dörren
(Es klingelte an der Tür

Nebensatz Plusquamperfekt:
när han just hade satt på TV:n
als er gerade den Fernseher einge-
schaltet hatte)

Beide Sprachen können die Zeiten in der gleichen Weise kombinieren. Die Kombination in Beispiel b (historisches Präsens) kommt jeweils nur als Stilmittel in Erzählungen vor, die in der Vergangenheit spielen; die Gegenwärtigkeit des erzählten Vorgangs ist nur erzählerische Funktion. *när* bezeichnet auch die Wiederholung (= deutsch „wenn").

11. Modus

Dem Indikativ steht der Konjunktiv gegenüber, dessen Aufgabe es ist a) eine Handlung oder einen Vorgang als vorstellbar, aber nicht verwirklicht oder verwirklichbar zu bezeichnen (Irrealis), b) Höflichkeit zu signalisieren und c) einen Wunsch auszudrücken. Beispiele: a. *Om jag hade råd skulle jag köpa en båt* (Wenn ich es mir leisten könnte, würde ich ein Boot kaufen), b. *Skulle du kunna öppna fönstret?* (Könntest du das Fenster öffnen?), c. *Om han bara kunde komma!* (Wenn er nur kommen könnte!).

Echte Konjunktivformen gibt es im Schwedischen nur noch ganz wenige, die jedoch meist als veraltet empfunden werden. Während *vore* (wäre) zuweilen noch in Briefen verwendet wird (*jag vore tacksam* [ich wäre dankbar]), haben die alten Konjunktivformen *ginge* (ginge), *finge* (bekäme, dürfte), *toge* (nähme) im modernen Umgangsschwedisch keinen Platz. Der Irrealis wird mit Hilfe von **skulle + Infinitiv** umschrieben. Beispiel: *Om jag inte skulle ha bråttom skulle jag också ta tåget* (Wenn ich es nicht eilig hätte, würde ich auch den Zug nehmen).

Die Modalverben *kunna, få* und *vilja* sowie das Hilfsverb *ha* können den Irrealis auch mit Hilfe der Imperfektform bilden. Beispiele: *om du kunde komma* (wenn du kommen könntest), *om vi fick stanna* (wenn wir bleiben dürften), *om du bara ville* (wenn du nur wolltest), *om jag hade tid* (wenn ich Zeit hätte). Auch *veta* wird in dieser Weise verwendet: *om du bara visste!* (wenn du nur wüßtest!)

Wenn keine Verwechslung mit dem Imperfekt möglich ist, können auch andere Verben in dieser Weise verwendet werden. Beispiel: *Han nickade som om han begrep vad det handlade om* (Er nickte, als ob er begriffe, um was es sich handelte). Der Irrealis der Vergangenheit wird gebildet aus **skulle + ha** (Infinitiv) **+ Supinum** oder **hade + Supinum.**

Beispiele: *det skulle jag inte ha sagt* (das hätte ich nicht gesagt), *om jag skulle ha haft tid* oder *om jag hade haft tid* (wenn ich Zeit gehabt hätte), *om du skulle ha varit hemma* oder *om du hade varit hemma* (wenn du zu Haus gewesen wärst).

Die aus dem Präsens abgeleiteten Konjunktivformen, die einen Wunsch ausdrücken, kommen nur noch in alten formelhaften Wendungen vor. Beispiele: *Leve konungen* (Es lebe der König), *Vittne äge rätt...* (Der Zeuge möge das Recht haben ...), *Herren välsigne oss och bevare oss* (Der Herr segne und behüte uns). Zur Bildung der indirekten Rede wird der Konjunktiv nicht verwendet.

S
D
Im modernen Sprachgebrauch verwenden beide Sprachen die Umschreibung des Konjunktivs. Vergleichen Sie: **Skulle du flyga** *om du hade pengar?* / **Würdest du fliegen**, wenn du Geld hättest? Im Unterschied zum Deutschen können im Schwedischen die Modalverben *kunna* und *måste*, sowie *ha* / haben keine eigene Konjunktivform bilden; *måste* kann auch nicht mit *skulle* verbunden werden.
Vergleichen Sie: *Jag skulle vara tvungen* / Ich müßte. Die Imperfektform übernimmt die Funktion des Konjunktivs: *Om du bara* **kunde** *förstå* / wenn du nur verstehen **könntest.** Das gleiche gilt für *ha* / haben: *om jag* **hade** *tid* / wenn ich Zeit **hätte** (Imperfekt: hatte).
Die indirekte Rede, die im gehobenen Deutsch den Gebrauch des Konjunktivs verlangt, wird im Schwedischen mit dem Indikativ gebildet. Vergleichen Sie: *Han påstår att han* **känner** *till brevets innehåll* / Er behauptet, daß er den Inhalt des Briefes **kenne.** (Umgangssprache: kennt.)

Übereinstimmung besteht, wenn sich eine in der Vergangenheit gemachte Aussage auf die Zukunft bezieht. Beispiel: *Hon skrev att hon* **skulle komma** *till jul* / Sie schrieb, daß sie zu Weihnachten **kommen werde.**

12. Imperativ

Die Verben bilden, je nach ihrer Zugehörigkeit zu den einzelnen Konjugationen, verschiedene Imperativformen.

I. Konjugation	II. Konjugation	III. Konjugation	IV. Konjugation
bada! (bade, badet, baden Sie!)	**stäng!** (schließe, schließt, schließen Sie!)	**sy!** (nähe, näht, nähen Sie!)	**ät!** (iß, eßt, essen Sie!) **gå!** (geh', geht, gehen Sie!)

● **Erläuterungen**

Die Verben der ersten Konjugation, die ja ihr Infinitiv-**a** in sämtlichen Formen beibehalten (→ schwaches Verb) bilden auch den Imperativ unter Verwendung des **a**, die Verben der zweiten Konjugation lassen es ausfallen. Die Verben der dritten Konjugation (einsilbig, auf Vokal endend), verwenden die Stammform (= Grundform) als Imperativ. Die Verben der vierten Konjugation lassen (wie die Verben der zweiten Konjugation) das Infinitiv-**a** ausfallen *(ät!)* oder verwenden (wie die Verben der dritten Konjugation) die Stammform *(gå!)*, je nachdem ob sie auf einen Konsonanten oder einen Vokal enden. Der Imperativ wird gewöhnlich zusammen mit *var snäll och* (...) bzw. mit (...) *är du snäll* verwendet. Beispiele: *Var snäll och stäng dörren!*, *Stäng dörren är du snäll!* (Mach' bitte die Tür zu!).
Der Imperativ der Deponentien stimmt mit dem Indikativ Präsens überein. Vergleichen Sie: *han andas* (er atmet) – *andas djupt!* (tief einatmen!), *de skäms* (sie schämen sich) – *skäms!* schäme dich (schämt euch, schämen Sie sich!).

Das Schwedische kommt mit einer Imperativform aus, wo das Deutsche drei benötigt (gehe, geht, gehen Sie). Es kommt auch ohne Personalpronomen aus. Vergleichen Sie: *gå* / gehen **Sie.**
Die Beibehaltung des Personalpronomens kann bei emphatischer Redeweise angebracht sein, in Übereinstimmung mit dem Deutschen. Vergleichen Sie: *Skratta* **du** *bara!* / Lach **du** nur!
Im Schwedischen kann Imperativbedeutung auch durch **ej** + **substantiviertes Verb** zustande kommen (*ej rökning* / nicht rauchen!), ebenso durch Verwendung des Passivs (*öppnas ej!* / nicht öffnen!).

13. Passiv

Das Schwedische verfügt über zwei Möglichkeiten der Passivbildung, die im großen ganzen verschiedene Funktionen erfüllen.

a. s-Passiv

	I. Konjugation	II. Konjugation	III. Konjugation	IV. Konjugation
Infinitiv	**(att) badas** (gebadet werden)	**(att) stängas** (geschlossen werden) **läsas** (gelesen werden)	**(att) sys** (genäht werden)	**(att) skrivas** (geschrieben werden)
Präsens	**badas** (werde, wirst gebadet etc.)	**stängs** (wird, werden geschlossen) **läses** (wird, werden gelesen)	**sys** (wird, werden genäht)	**skrivs** (wird, werden geschrieben)
Imperfekt	**badades** (wurde, wurdest gebadet etc.)	**stängdes** (wurde, wurden geschlossen) **lästes** (wurde, wurden gelesen)	**syddes** (wurde, wurden genäht)	**skrevs** (wurde, wurden geschrieben)
Supinum	**badats** (gebadet worden)	**stängts** (geschlossen worden) **lästs** (gelesen worden)	**sytts** (genäht worden)	**skrivits** (geschrieben worden)

● **Erläuterungen**

Die Passivbildung stimmt mit der Bildung der Deponentien (→ Deponentien) und der reziproken Verben überein. Falls ein Verb der zweiten Konjugation nach Ausfall des Infinitiv-**a** auf **-s** endet, muß im Präsens ein **e** zwischen diesem **s** und dem Passiv-**s** eingeschoben werden *(läse̱s)*.

Das Perfekt und das Plusquamperfekt werden unter Verwendung des Supinums und des Hilfsverbs *ha* gebildet: *Historien har (hade) berättats av många* (Die Geschichte ist [war] von vielen erzählt worden).

Beachten Sie: Ist das passive Verb mit einem Modalverb verbunden, ist seine Form in der I. und II. Konjugation gleich. Beispiele: *Maten måste lagas* (Das Essen muß zubereitet werden), *Fönstret måste stängas* (Das Fenster muß geschlossen werden).

b. Zusammengesetztes Passiv

Diese Passivform wird durch das Perfektpartizip und das Hilfsverb des Passivs *bli* (werden) gebildet.

	I. Konjugation	II. Konjugation	III. Konjugation	IV. Konjugation
Infinitiv	**(att) bli badad** (gebadet werden)	**(att) bli stängd** (geschlossen werden) **(att) bli läst** (gelesen werden)	**(att) bli sydd** (genäht werden)	**(att) bli skriven** (geschrieben werden)
Präsens	**blir badad, badat, badade** (wird, wirst gebadet etc.)	**blir stängd, stängt, stängda** (wird, werden geschlossen) **blir läst, lästa** (wird, werden gelesen)	**blir sydd, sytt, sydda** (wird, werden genäht)	**blir skriven, skrivet, skrivna** (wird, werden geschrieben)
Imperfekt	**blev badad, badat, badade** (wurde, wurdest gebadet etc.)	**blev stängd, stängt, stängda** (wurde, wurden geschlossen) **blev läst, lästa** (wurde, wurden gelesen)	**blev sydd, sytt, sydda** (wurde, wurden genäht)	**blev skriven, skrivet, skrivna** (wurde, wurden geschrieben)
Supinum	**blivit badad, badat, badade** (gebadet worden)	**blivit stängd, stängt, stängda** (geschlossen worden) **blivit läst, lästa** (gelesen worden)	**blivit sydd, sytt, sydda** (genäht worden)	**blivit skriven, skrivet, skrivna** (geschrieben worden)

● **Erläuterungen**

Das Perfektpartizip, das zur Bildung dieser Passivform benötigt wird, ist abhängig vom Subjekt des Satzes und unterscheidet sich dadurch vom unveränderlichen Supinum (→ Supinum). Sowohl Numerus als auch Genus des Subjekts wirken sich auf seine Bildung aus. Beispiele: *Hans moped blev stulen* (Sein Moped wurde gestohlen), *Hans armbandsur blev stulet* (Seine Armbanduhr wurde gestohlen), *Hans resväskor blev stulna* (Seine Koffer wurden gestohlen).

Perfekt und Plusquamperfekt werden gebildet aus Hilfsverb *ha* + *blivit* (Supinum) + Perfektpartizip des Hauptverbs.

Beispiel: *Hans cykel har blivit stulen* (Sein Rad ist gestohlen worden)

Anwendungsbereiche

Das **s-Passiv** ist *durativ*, d. h. es wird für Handlungen und Vorgänge benutzt, die andauern oder sich in der gleichen Weise wiederholen. Beispiele: *Här talas svenska* (Hier wird schwedisch gesprochen), *Bankerna stängs klockan 3* (Die Banken werden um 3 Uhr geschlossen, schließen um 3), *De här skorna görs för hand* (Diese Schuhe werden von Hand hergestellt), *Hon vårdas på Danderyds sjukhus* (Sie ist im Krankenhaus von D. in Behandlung). Darüber hinaus kommt das **s-Passiv** im höflichen Sprachgebrauch vor: *God jul och gott nytt år tillönskas av ...* (Frohe Weihnachten und ein gutes Neues Jahr wünschen ...), *Vad önskas att dricka?* (Was wünschen Sie zu trinken?), *Träffas herr Svensson?* (Ist Herr S. zu sprechen?) und in unpersönlichen Wendungen wie *Vad sägs om det här?* (Was sagst du, was sagt ihr dazu?), *det påstas* (es wird behauptet), *det hörs* (man hört es), *det ges tillfälle* (es wird Gelegenheit geboten).

Das **zusammengesetzte Passiv** wird (vor allem in der Umgangssprache) bevorzugt, wenn die Handlung einen Abschluß gefunden hat (*Nu har det äntligen blivit gjort!* Jetzt ist es endlich gemacht worden!) oder in naher Zukunft einen Abschluß finden wird: *När blir du opererad?* (Wann wirst du operiert?), *Det blir snart gjort* (Das wird bald gemacht).

In vielen Fällen ist es auch eine Frage des Stils oder der Sprachebene (Bevorzugung des s-Passivs im gehobenen Schriftschwedisch), welche Passivform gewählt wird.

Beachten Sie: Nach Modalverben steht gewöhnlich das **s-Passiv**. Beispiel: *Tröjan måste tvättas* (Der Pulli muß gewaschen werden).

Agent

Der sog. Agent ist im Schwedischen **av**. Beispiel: *Vardagsrummet städas* **av** *Sven* (Das Wohnzimmer wird von Sven saubergemacht).

Subjekt des Passivsatzes kann auch das unpersönliche *det* sein: *Det påstås att han är sjuk* (Es wird behauptet, daß er krank ist). Das *det* kann aber auch entfallen und durch das Subjekt des in den Hauptsatz integrierten *att*-Satzes ersetzt werden: *Han påstås vara sjuk* (Man behauptet von ihm, daß er krank ist; er wird für krank gehalten). Weitere Beispiele: *Det anses vara rätt* (Man hält es für richtig), *Han sägs tillbringa sin semester i Grekland* (Man sagt von ihm, daß er seinen Urlaub in Griechenland verbringt).

Zustandspassiv

Das sog. Zustandspassiv zielt nicht auf den Vorgang selbst ab, sondern auf den Zustand, der erreicht ist nach Abschluß des Vorgangs. Gebildet wird es aus *vara* + Perfektpartizip. Beispiel: *Dörren är nymålad* (Die Tür ist frisch gestrichen). Der Satz steht im Präsens, das Perfektpartizip wird wie ein Adjektiv verwendet, richtet sich also in Genus und Numerus nach dem Subjekt des Satzes. Vergleichen Sie: *Stugan är nymålad* (Die Hütte ist frisch gestrichen), *Bordet är nymålat* (Der Tisch ist frisch gestrichen), *Stugorna (borden) är nymålade* (Die Hütten [Tische] sind frisch gestrichen).

S
D

Das aus *bli* + Perfektpartizip zusammengesetzte Passiv ist dem deutschen Passiv sprachhistorisch verwandt, doch übernimmt das deutsche Passiv auch die Funktion des schwedischen s-Passivs. Schwedische Passivsätze werden im Deutschen oft aktiv wiedergegeben (Vorliebe des Schwedischen für unpersönliche Wendungen!) → Beispiele oben.
Das Deutsche hat die Möglichkeit, das Dativobjekt an die Stelle des unpersönlichen *det* zu setzen: „**Mir** wurde erzählt ...“ Das Schwedische hat hier: **Det** *berättades för mig ...*
Nach *låta* hat das Schwedische meist die passive Verbform: *Han låter sig inte luras* / Er läßt sich nicht hereinlegen. Das Passiv in *Hennes ögon fylldes med tårar* ist im Deutschen nur durch ein Reflexivpronomen wiederzugeben: „Ihre Augen füllten **sich** mit Tränen.“
Bestimmte schwedische Passivkonstruktionen können im Deutschen nur unter Verwendung von „man“ oder „es“ wiedergegeben werden. Vergleichen Sie: *Torkan antas ha vållat stor skada* / **Man** nimmt an (es wird angenommen), daß die Dürre großen Schaden angerichtet hat.
Die Vorliebe des Schwedischen für unpersönliche Passivkonstruktionen kann ebenfalls zu Unterschieden führen. Vergleichen Sie:
Här talas tyska / Hier spricht **man** deutsch
Vad önskas att dricka? / Was wünschen **Sie** zu trinken?
Das Zustandspassiv ist grundsätzlich vergleichbar. Zu beachten ist aber, daß das schwedische Partizip wie ein Adjektiv behandelt wird, während das deutsche Partizip unveränderlich ist. Vergleichen Sie: *Dörrarna är öppnade* / Die Türen sind geöffnet. – Beachten Sie auch folgenden Unterschied: *Är det tillsagt?* / Werden Sie schon bedient?

14. Partizip

Das Schwedische hat drei Partizipformen: a. das Präsenspartizip, b. das Perfektpartizip und c. das sog. Supinum.

a. Das **Präsenspartizip** wird wie ein Adverb verwendet, ist aber unveränderlich. Gebildet wird es durch Anhängen von **-nde** (Verben der 1., 2. und 4. Konjugation) bzw. von **-ende** (einsilbige Verben der 3. und 4. Konjugation) an die Infinitivform. Beispiele: *Hon kom sjungande uppför trappan* (Sie kam singend die Treppe herauf), *Karin nickade leende* (Karin nickte lächelnd), *Det var stekande hett* (Es war brennend heiß).
Das Partizip kann auch attributiv verwendet werden: *ett leende ansikte* (ein lächelndes Gesicht). Viele Adjektive sind ihrer Form nach Präsenspartizipien, so z. B. *lysande* leuchtend, *strålande* strahlend, *spännande* spannend. Ebenso einige Substantive: *studerande* Student, Studierender, *ordförande* Vorsitzender, *resande* Reisender, (Neutra:) *meddelande* Mitteilung, *leende* Lächeln.

S
D Vergleichen Sie: *Lisa kom* **springande** / Lisa kam **gerannt** (Präsenspartizip im Schwedischen – Perfektpartizip im Deutschen).

b. Das **Perfektpartizip** wird nicht zur Bildung des Perfekts verwendet (→ Hilfsverb), heißt aber so, weil es aus dem Supinum, das diese Funktion im Schwedischen übernimmt, hervorgegangen ist.
Es unterliegt denselben Veränderungen wie ein Adjektiv (→ Adjektiv). Beachten Sie bitte den Unterschied zwischen der Neutrumform des Perfektpartizips und der Supinumform bei den starken Verben: *Glaset är urdrucket* (Das Glas ist ausgetrunken), *Han har druckit ur glaset* (Er hat das Glas ausgetrunken). Einige Substantive sind Perfektpartizipien, z. B. *en anställd* ein Angestellter, *en prostituerad* eine Prostituierte.

c. Das **Supinum** ist unveränderlich und wird nur zur Bildung der Vergangenheit (Perfekt und Plusquamperfekt) verwendet.
Bildungsweise → Übersichtstabellen zu den einzelnen Verbformen
Verwendung → Perfekt, Plusquamperfekt
Beispiele: *Pappa har ringt mig* (Vater hat mich angerufen), *Hon hade redan ätit* (Sie hatte schon gegessen).

S
D Im Gegensatz zum Schwedischen unterscheidet das Deutsche nicht zwischen Supinum und Perfektpartizip. Das Schwedische benötigt die verbale Unterscheidung, da die eine Form (das Perfektpartizip) veränderlich ist und die andere (Supinum) nicht.
Vergleichen Sie:
Mats har diskat / Mats hat abgewaschen
Tallrikarna är diskade / Die Teller sind abgewaschen.

Trennbares, untrennbares Verb

Verben mit bestimmten Vorsilben haben je nach Funktion eine trennbare und eine untrennbare Erscheinungsform. Als Regel galt früher, daß ein Verb dann trennbar ist, wenn es einen konkreten Vorgang bezeichnet, und untrennbar, wenn es in übertragenem, abstraktem Sinn verwendet ist.
Beispiele:
Han **strök** **under** *ordet* (Er unterstrich das Wort) = konkret
Han **underströk** *betydelsen* (Er unterstrich die Bedeutung) = übertragen
Anders **bröt** **av** *grenen* (Anders brach den Ast ab) = konkret
Anders **avbröt** *mig* (Anders unterbrach mich) = übertragen
Im modernen Umgangsschwedisch besteht die Tendenz, auch dann zu trennen, wenn die Verben eine übertragene Bedeutung haben.

Beachten Sie auch folgende Bedeutungsunterschiede:
a. *Tåget* **avgår** *om fem minuter* (Der Zug fährt in fünf Minuten ab).
   Jultomten **framställs** *som en godmodig gammal farbror* (Der Weihnachtsmann wird als ein gutmütiger Alter dargestellt).
   Lärarmötet **uppskjuts** *till i morgon* (Die Lehrerversammlung wird auf morgen verschoben).
b. *Snöret* **gick** **av** (Die Schnur riß ab).
   Förr i tiden **ställde** *man* **fram** *gröt åt hustomten* (Früher stellte man dem Hausgeist Grütze hin).
   „Amerikanerna **skjuter** **upp** *bemannad rymdstation"* („Amerikaner schießen bemannte Raumstation ins All").

S D Im Infinitiv unterscheiden sich die trennbaren und die untrennbaren Verben im Deutschen nur durch die Betonung bzw. Nichtbetonung (**umfahren** – um**fahren**). Das schwedische Verb läßt seine Trennbarkeit schon im Infinitiv erkennen: *stryka under* (konkret), *understryka* (übertragene Bedeutung). Das Schwedische behält die Trennung im Supinum bei: *Han har brutit av grenen,* während das Deutsche in diesem Fall lediglich ein **-ge-** einschiebt: „Er hat den Ast abgebrochen." Übereinstimmung besteht aber bei adjektivischem Gebrauch: *den* **avbrutna** *grenen* / der **abgebrochene** Ast. In beiden Sprachen sind eine Reihe von Vorsilben untrennbar, und zwar im Schwedischen *an-, be-, er-, för-* (in der Bedeutung ver-), *före-, miss-, sam-, um-, und-, van-*.

Transitives-intransitives Verb

Wie im Deutschen ist eine Unterscheidung in transitive Verben (d.h. Verben, die immer ein Objekt haben) und intransitive Verben (Verben, die ohne Objekt stehen) möglich. Beispiel:
a. *Han ligger i sängen* (Er liegt im Bett) = intransitiv
b. *Han lägger brevet på bordet* (Er legt den Brief auf den Tisch) = transitiv
Viele Verben kommen sowohl in einer transitiven als auch intransitiven Form vor.

Beispiele:

brinna brennen – *bränna* verbrennen | *lossna* sich lösen – *lossa* lösen
drunkna ertrinken – *dränka* ertränken | *sjunka* sinken – *sänka* senken, versenken
dö sterben – *döda* töten | *slockna* erlöschen – *släcka* löschen
falla fallen – *fälla* fällen | *sova* schlafen – *söva* einschläfern
fastna hängenbleiben – *fästa* befestigen | *vakna* aufwachen – *väcka* wecken

Bei Verben, die zwei Formen haben, ist die transitive Form gewöhnlich schwach (wie im Deutschen), während die intransitive Form stark oder schwach sein kann. Beachten Sie folgende Übereinstimmung:
(intransitiv/stark)
ligga liegen, *låg* lag, *legat* gelegen
sitta sitzen, *satt* saß, *suttit* gesessen
stå stehen, *stod* stand, *stått* gestanden

(transitiv/schwach)
lägga legen, *lade* legte, *lagt* gelegt
sätta setzen, *satte* setzte, *satt* gesetzt
ställa stellen, *ställde* stellte, *ställt* gestellt

Beachten Sie folgenden Unterschied: Das Schwedische unterscheidet zwischen dem intransitiven *åka* und dem sowohl intransitiven als auch transitiven *köra*, während das Deutsche hier dasselbe Verb verwendet. Beispiele: *Vi åkte bil ända ner till München* / Wir fuhren mit dem Auto bis nach München. *Kan du köra bilen?* / Kannst du das Auto fahren? *Han körde mycket långsamt* / Er fuhr sehr langsam.

Substantivierung des Verbs

Verben können substantiviert, d.h. in ein Substantiv verwandelt werden. Dies geschieht entweder durch Anhängen von **-ning** (nach Ausfall des Infinitiv-a) an den Stamm oder von *-nde* (bzw. *-ende* bei Einsilbigen auf Vokal) an den Infinitiv. Beispiel:

höja erhöhen + *ning* = **höjning** Erhöhung (Utrumform)
springa rennen + *-nde* = **springande** Gerenne (Neutrumform)
Die Substantivierung mit Hilfe von *-nde* ist oft abwertend.

Im Unterschied zum Deutschen kann der Infinitiv meist unverändert zur Bildung des Subjekts herangezogen werden. Vergleichen Sie: **Att åka** *skridsko är roligt* (*åka* bleibt Verb) / **(Das) Schlittschuhlaufen** ist lustig (= substantiviertes Verb). Vergleichen Sie dagegen: **Rökning** *förbjuden* / **Rauchen** verboten. (Hier ist auch das schwedische Verb substantiviert.) Der Substantivierung durch angehängtes **-nde** entspricht im Deutschen die Substantivierung mit Hilfe eines vorgeschalteten **Ge-**. Vergleichen Sie: *Det var ett springande mellan köket och matsalen!* / Das war ein Gerenne zwischen Küche und Eßdiele! (Beide Sprachen verwenden hier das Neutrum).

VII. Adverb

Das Adverb steht als Glied des Satzes beim Verb (daher „Ad-verb"), kann aber auch zu einem Substantiv, zu einem Adjektiv oder zu einem anderen Adverb gehören. Es kann außerdem auf den Inhalt eines ganzen Satzes Bezug nehmen (Satzadverb). Beispiele:

a. *Sven kommer* **sent** (Sven kommt **spät**)
b. *Mannen* **där** *är min chef* (Der Mann **dort** ist mein Chef)
c. *Resultatet var* **förvånansvärt** *bra* (Das Ergebnis war **erstaunlich** gut)
d. *Ni kommer* **mycket** *sent* (Ihr kommt **sehr** spät)
e. **Kanske** *kommer de i kväll* (**Vielleicht** kommen sie heute abend)

● **Bildung des Adverbs**

Das Adverb kann aus einem Adjektiv gebildet werden, indem ein **t** an die Grundform (Utrumform) des Adjektivs angehängt wird.

---

sen (spät) + **t** = *sent* (spät)

Andere Bildungsweisen:
1. Anhängen von **-ligen** an Adjektive bzw. von **-en** an Adjektive auf **-ig**: *säkerligen* sicherlich, *nyligen* neulich, *möjligen* möglicherweise.
2. Anhängen von **-vis** an Substantive und an die Neutrumform von Adjektiven auf **-ig**. Beispiel: *exempelvis* beispielsweise, *lyckligtvis* glücklicherweise, *naturligtvis* natürlich.
3. Ein Präsenspartizip oder Perfektpartizip wird Adverb: *Det var* **stekande** *hett* (Es war brennend heiß), *Hon skrattade* **förtjust** (Sie lachte entzückt).
4. Anhängen von **-s** an Substantive: *så här dags* um diese Zeit, *så här års* um diese Jahreszeit, *utomlands* im Ausland.
5. Anhängen von **-ligen** an Substantive: *dagligen* täglich, *årligen* jährlich, *skriftligen* schriftlich, *ovillkorligen* unbedingt, *ögonblickligen* augenblicklich.
6. Verbindung von Himmelsrichtung + Präposition bzw. Richtungsadverb + Präposition: *norrifrån* von Norden, aus Richtung Norden, *söderut* südwärts, *hemåt* heimwärts, *dithän* dorthin.
liten bildet die Adverbform *lite(t)*: *Jag är bara lite förkyld* (Ich bin nur ein bißchen erkältet).
Hinzu kommt noch eine große Zahl von Adverbien, die anderen Bildungsregeln folgen. Typische Adverbendungen (-suffixe) sind: **-ledes** (*således* somit), **-lunda** (*annorlunda* anders), **-stans** (*någonstans* irgendwo), **-städes** (*därstädes* dort).
Kein Unterschied zwischen Adjektiv- und Adverbform besteht in folgenden

Fällen: *lagom* gerade richtig, *gratis* umsonst, *mycket* viel, sehr, *bra* gut, *särskilt* besonder-, besonders, (Partizipien:) *ihållande* andauernd.

Arten von Adverbien[13]

---

1. **Lokaladverb** (Frage: *var? vart? varifrån* wo? wohin? woher?) Beispiele: *Inger står där* (Inger steht **dort**), **Här** *bor Åke* (**Hier** wohnt Åke), *Vi går* **hem** *nu* (Wir gehen jetzt **nach Hause**), *Jag kommer* **hemifrån** (Ich komme **von zu Hause**), (**Indefinitadverb:**) **Här någonstans** *måste det finnas ett motell* (**Hier irgendwo** muß ein Motel sein).
Einige dieser Adverbien sind ihrer Funktion nach **Demonstrativadverbien**.

2. **Temporaladverb** (Frage: *när? hur ofta? hur länge?* wann? wie oft? wie lange?) Beispiele: *Lars kommer* **snart** (Lars kommt **bald**), *Tidningen kommer* **dagligen** (Die Zeitung kommt **täglich**), *Vi stannar* **tillsvidare** (Wir bleiben **bis auf weiteres**).

3. **Modaladverb** (Frage: *hur? på vilket sätt?* wie? auf welche Weise?) Beispiele: *Han talar* **bra** *svenska* (Er spricht **gut** schwedisch), *Pippi gick* **baklänges** (Pippi ging **rückwärts**).

4. **Adverb des Grades** (Frage: *hur mycket? i vilken utsträckning? i vilken grad?* wie sehr? in welchem Ausmaß? bis zu welchem Grad?) Beispiele: *Du sjunger* **mycket** *bra* (Du singst **sehr** gut), *Jag tycker* **väldigt** *mycket om dig* (Ich hab dich **furchtbar** gern).

5. **Kausaladverb** (Frage: [zuweilen] *varför?* warum?)
Den deutschen Adverbien können im Schwedischen Satzergänzungen entsprechen, die die Funktion von Adverbien übernehmen (Getrenntschreibung!).
Beispiele: *Karin kommer inte* **fördenskull** (Karin kommt nicht **deswegen**), *Konserten inställs* **på grund av sjukdom** (Das Konzert wird **krankheitshalber** abgesagt).

6. **Interrogativadverb**
(**lokal:**) *var? vart?* wo? wohin? (**temporal:**) *när? hur dags?* wann? um wieviel Uhr? (**modal:**) *hur? hurdan? (hurdant? hurdana?) på vilket sätt?* wie? von welcher Beschaffenheit? auf welche (Art und) Weise? (**kausal:**) *varför? vad ... till?* warum? wozu?
Beispiele: **Var** *bor du?* (**Wo** wohnst du?), **Vart** *går du?* (**Wohin** gehst du?), **när** (**hur dags**) *börjar föreställningen?* (**Wann** fängt die Vorstellung an?), **Hur** *mår*

---

13 Die hier behandelten Kategorien überschneiden sich mit den Kategorien **Demonstrativadverb, Indefinit-adverb, Kausaladverb, Konzessivadverb** und **Relativadverb**, die deshalb nicht für sich behandelt werden. Vergleichen Sie daher die in Klammer stehenden Bezeichnungen innerhalb der oben angeführten Beispiele.

du? (**Wie** geht es dir?), **Hurdant** *är huset? – Det är rödmålat och ganska litet* (**Wie** ist das Haus? – Es ist rot gestrichen und ziemlich klein), **På vilket sätt** *fungerar det här?* (**Auf welche Weise** funktioniert das?), **Varför** *svarar du inte?* (**Warum** antwortest du nicht?), **Vad** *använder ni det här* **till**? (**Wozu** benützt ihr das?).

7. **Adverbien, die sich auf den Inhalt eines ganzen Satzes beziehen** (Adverbien des Zweifels, der Vermutung, der Verneinung)
Beispiele: **Kanske** *kommer han snart* (**Vielleicht** kommt er bald), *Hon har* **nog** *läst boken* (Sie hat das Buch **wohl** gelesen), *De är* **inte** *hemma* (Sie sind **nicht** zu Hause), *Det där glömmer de* **aldrig** (Das vergessen sie **nie**).

8. **Satzverbindendes Adverb** (Adverbien als Konjunktionen)
Beispiele: *Pia är förkyld,* **annars** *mår vi bra* (Pia ist erkältet, **sonst** geht es uns gut), (**Konzessivadverb:**) *Jag arbetar inte,* **ändå** *har jag inte tid* (Ich arbeite nicht, **trotzdem** habe ich keine Zeit).
(**Kausaladverb:**) *Han har inte hört av sig,* **därför** *tror jag inte att han kommer* (Er hat nichts von sich hören lassen, **deshalb** glaube ich nicht, daß er kommt).
(**Relativadverb:**) *Vad heter staden* **dit** *vi ska resa i sommar?* (Wie heißt die Stadt, **in die** wir diesen Sommer reisen werden?), *Vi åker till Jönköping* **där** *tant Lisa bor* (Wir fahren nach Jönköping, **wo** Tante Lisa wohnt), (var + Präposition:) *Regeringen införde prisstopp* **varigenom** *situationen förbättrades tillfälligt* (Die Regierung führte Preisstopp ein, **wodurch** sich die Situation vorübergehend besserte).

Bezeichnung einer Bewegung oder Lage

Die Adverbien *fram* vor, *hem* nach Hause, *in* hinein, *ner* hinunter, *upp* hinauf und *ut* hinaus bezeichnen, wenn sie unverändert sind, eine zielgerichtete Bewegung.
Beispiele: *Jag vill gå ut* (Ich will hinausgehen), *Kom fram!* (Komm' [kommt] vor!).
Wenn man ein -e anhängt, bezeichnen sie dagegen eine **Lage**.
Beispiele: *De är* ut*e* (Sie sind draußen), *Vi är* fram*me* (Wir sind da). Beachten Sie: *hem* und *fram* verdoppeln das **m**, *hem* hängt statt des -e ein -a an: *Är du hem*ma*?* (Bist du zu Haus?).
Durch Anhängen von **-i + från** wird eine Bewegung mit umgekehrter Zielrichtung wie die oben angeführten Beispiele bezeichnet. Beispiele: *Dörren går inte att öppna* ut*från* (Die Tür läßt sich nicht von außen öffnen), *Vi kommer hem*i*från* (Wir kommen von zu Haus).

„Wandernde Adverbien" → Wortstellung

Komparation der Adverbien

Wie die Adjektive (→ Komparation des Adjektivs) können auch Adverbien gesteigert werden, sofern dies mit ihrer Bedeutung vereinbar ist. Steigerung unter Verwendung von **-are, -ast**: *ofta* oft, *oftare* öfter, *oftast* sehr oft, meistens, *tidigt* früh,

tidigare früher, *tidigast* frühestens. Steigerung unter Verwendung von **-re, -st**: *långt* weit, *längre* weiter, *längst* am weitesten; *länge* lange, *längre* länger, *längst* am längsten.
Positiv einerseits und Komparativ/Superlativ andererseits sind verschieden: *väl* gut, *bättre* besser, *bäst* am besten; *gärna* gern, *hellre* lieber, *helst* am liebsten.
Steigerung mit *mera (mest)*: *sällan* selten, *mera sällan* seltener; *ingående* eingehend, *mera ingående* eingehender, *mest ingående* am eingehendsten.

Das Deutsche kennt im Gegensatz zum Schwedischen nicht die unterschiedliche Bildung von Adjektiv und Adverb. Vergleichen Sie:
Jag är *sen* / Ich bin **spät** (dran)
Jag kommer *sent* / Ich komme **spät**
Einer großen Zahl von Adverbien des Schwedischen entsprechen auch reine Adverbien im Deutschen. Beispiele: *gärna* / gerne, *ofta* / oft, *länge* / lange, *dagligen* / täglich.
Es gibt andererseits Fälle, wo im Schwedischen ein reines Adverb, im Deutschen aber eine mehrgliedrige, meist mit Präposition gebildete Satzergänzung steht (und umgekehrt!). Beispiele:

utomlands	im Ausland	deinetwegen	*för din skull*
inombords	an Bord (auch: innerlich)	notfalls	*i nödfall (till nöds)*
hem	nach Hause	sonntags	*på söndagarna*
så här dags	zu dieser Tageszeit	mehrmals	*flera gånger*
huvudstupa	Hals über Kopf	nachts	*på nätterna*
raklång	der Länge nach	tags	*på dagarna*
motsols	gegen den Uhrzeigersinn	seitlich	*i sidled*
medsols	im Uhrzeigersinn	überallher	*från alla håll*
söderut	nach Süden, gen Süden	unterwegs	*på väg*
		(krankheits)halber	*på grund av (sjukdom)*

Das Schwedische unterscheidet zwischen dem endungslosen Lokaladverb, das eine Bewegung bezeichnet, und dem Adverb + e (a), das eine Lage bezeichnet (vergleichen Sie oben).
Das Deutsche verwendet stattdessen meist das Richtungsadverb **hin- (her-)** und (als Lagebezeichnung) meist Adverbformen auf **-en**. Vergleichen Sie:

in / hinein	*inne* / innen, drinnen
upp / hinauf	*uppe* / oben, droben
ner / hinunter	*nere* / unten, drunten
fram / nach vorn	*framme* / vorne, da
bort / weg, hinweg	*borta* / weg

Beachten Sie bitte auch folgende Bedeutungen:
Det är inne / Das ist „in" (in Mode)
Han är inte inne / Er ist nicht zu Hause
Hon var nere / Sie war „down" (deprimiert)
Hon fick sin vilja fram / Sie setzte ihren Willen durch
När är vi framme i Sala? / Wann sind wir in Sala?

hurdan (hurdant, hurdana) richtet sich im Schwedischen nach dem Substantiv, zu dem es gehört, während das entsprechende deutsche „wie" unveränderlich ist.

Vergleichen Sie: *Hurdan är sommarstugan? – Hurdant är huset?* / **Wie** ist das Sommer-
häuschen (das Haus)?
kanske / vielleicht:
Im Schwedischen kann das Adverb mit und ohne Inversion verwendet werden, im
Deutschen nur mit Inversion. Vergleichen Sie: *Kanske har* **han** *ringt, Kanske* **han** *har
ringt* / Vielleicht hat er angerufen.

VIII. Präposition

Präpositionen können
a) unbetont und mit einem beliebigen Substantiv verbunden sein.
    Beispiel: *Brevet ligger* **på** *(bordet)* (Der Brief liegt auf dem [Tisch]).
b) unbetont sein und ein Verb oder Adjektiv mit einem Substantiv oder *att*-Satz
    verbinden.
    Beispiele: *Vi* **väntade på** *(Sven)* (Wir warteten auf [Sven]),
    Vi **räknar med** *(att du kommer)* (Wir rechnen damit, [daß du kommst]),
    Hon var **rädd för** *(spindlar)* (Sie hatte Angst vor [Spinnen]).
c) unbetont sein und zwei Substantive verbinden, von denen das eine beliebig
    ersetzbar ist.
    Beispiel: **Tron på** *(framtiden) förenade dem* (Der Glaube an [die Zukunft] ver-
    band sie).
d) unbetont sein und die Verbindung Substantiv + Präposition durch eine zweite
    Präposition erweitern.
    Beispiel: **I brist på** *(pengar) stannade de hemma* (Aus [Geld]mangel blieben sie
    zu Hause).
e) betont sein und mit einem Verb eine feste Verbindung eingehen, die dessen
    Bedeutung beeinflußt. (Die Verbindung kann durch ein Substantiv erweitert
    werden.) Die Präposition erhält adverbiale Funktion.
    Beispiel: *Vi* **skrev på** (wir unterschrieben), *Vi* **skrev på** *(resolutionen)* (Wir
    unterschrieben [die Resolution]).
f) freistehend sein.
    Beispiel: *Han kom in med hatten* **på** (Er kam herein mit dem Hut auf).

S
D **av**
bezieht sich häufig auf eine Herkunft, einen Urheber oder eine Ursache und ist insofern
den deutschen Präpositionen „an", „aus" und „von" vergleichbar (Geographische Her-
kunft → *från*). Es kann wie das Deutsche „von" auch einen Genitiv vertreten; vergli-
chen Sie: *hälften av alla människor* / die Hälfte aller Menschen (die Hälfte von allen
Menschen), *ett annat nummer av tidningen* / eine andere Nummer der Zeitung, *i början
av månaden* / Anfang des Monats, *mot bakgrund av arbetslösheten* / vor dem Hinter-
grund der Arbeitslosigkeit. Weitere deutsche Entsprechungen sind „nach" und „vor".
Beispiele → Anhang.

bakom
ist wie „hinter" konkret räumlich, wird aber auch in übertragenem Sinn verwendet.
Beispiele → Anhang.
Vergleichen Sie: *att vara bakom* / hinter dem Mond (rückständig) sein.

82

bland

bezeichnet das Verhältnis von Einzelerscheinung und Menge und hat als deutsche Entsprechung „unter" („zwischen"). Daneben kann *bland* auch „zwischen" oder „an" bedeuten. Beispiele → Anhang.

bredvid

bezeichnet ein Verhältnis räumlicher Nähe und hat als deutsche Entsprechung „neben". Beispiele → Anhang.
Vergleichen Sie aber: *prata bredvid munnen* / sich verplappern.

efter

bezeichnet das zeitliche Nacheinander zweier Erscheinungen und stimmt mit deutsch „nach" überein. Es kann aber auch räumlich verwendet werden und entspricht dann „hinter" („hinter ... her"), seltener „nach". Beispiele → Anhang. Wo *efter* die Zielrichtung einer Handlung bezeichnet (wie in *leta efter* / suchen nach) ist seine deutsche Entsprechung „nach". Weitere Entsprechungen sind „von" und „von ... zu". Beispiele → Anhang. Ohne Präposition ist im Deutschen gebildet: *ringa efter...* / telefonisch bestellen. – Präposition im Schwedischen, Genitiv im Deutschen: *änkan efter översten* / die Witwe des Obersten, *efter vad jag vet* / meines Wissens.

framför

bezeichnet das räumliche Verhältnis zweier Erscheinungen in bezug auf den Beschauer und entspricht gewöhnlich „vor" und „vor ... her". Beispiele → Anhang.
Keine Präposition hat das Deutsche in folgendem Beispiel: *föredra framför* / vorziehen + Dativ.

från

bezeichnet u. a. die geographische Herkunft einer Person (Sache) und wird im Deutschen mit „aus" oder „von" wiedergegeben. Wie „von" kann *från* auch eine Auseinanderbewegung oder eine Abgrenzung bezeichnen. Die temporale Bedeutung wird im Deutschen durch „von" und „von ... an" erzielt. Weitere deutsche Entsprechungen sind „auf" und „mit". Beispiele → Anhang.
Vergleichen Sie ferner: *Det gör varken till eller från* / Das tut nichts zur Sache, *från och till* / dann und wann, *stjäla från* / stehlen + Dativ, *röva från* / rauben + Dativ, *ut från restaurangen* / aus dem Restaurant.

för

und deutsch „für" entsprechen sich, wo es sich um die Zuordnung einer Eigenschaft oder Handlung zu einer Person (Sache, Zustand) handelt, oder wo die Begünstigung einer Person durch eine andere zum Ausdruck gebracht werden soll. Wo sich *för* auf ein furchtauslösendes Objekt bezieht wie in *vara rädd för* / vor ... Angst haben ist die deutsche Entsprechung „vor". Weitere Entsprechungen sind „an", „bei", „mit", „um", „von", „wegen" und „zu". Beispiele → Anhang.
Keine Präposition verwendet das Deutsche in folgenden Beispielen: *för tillfället* / gegenwärtig, *för närvarande* / augenblicklich, *berätta för* / erzählen + Dativ, *tala om för* / sagen + Dativ, *ljuga för* / belügen + Akkusativ, *ge efter för* / nachgeben + Dativ, *presentera sig för* / sich vorstellen + Dativ, *stå i vägen för* / im Weg stehen + Dativ, *ha för avsikt* / die Absicht haben.
Das Deutsche verwendet einen Genitiv anstelle der Präposition: *misstänkt för mord* / des Mordes verdächtig, *ett offer för* / ein Opfer + Genitiv, *representanterna för* / die Vertreter + Genitiv.

för ... sedan

bezieht sich wie „vor" auf einen vergangenen Zeitpunkt, dessen Abstand von der Gegenwart durch eine Zeitangabe näher bestimmt ist. Im Gegensatz zu „vor" ist *för ... sedan* immer zweigliedrig. Beispiele → Anhang.

för ... skull

ist kausal und entspricht dem deutschen „wegen" und „um". Beispiele → Anhang. Beachten Sie folgende Unterschiede: *för säkerhets skull* / sicherheitshalber, *för nöjes skull* / zum Vergnügen.

före

ist wie „vor" temporal, kann aber im Gegensatz zu der deutschen Präposition nicht räumlich verwendet werden (→ *framför*).
Vergleichen Sie: *före detta* (abgekürzt *f. d.*) / ehemalig.

förutom (→ utom)

genom

bezeichnet wie „durch" das Verhältnis von Bewegungsvorgang und Raum. In einigen Fällen kann die deutsche Entsprechung auch „zu" („zu ... hinaus") sein. *genom* kann aber auch instrumental verwendet werden und entspricht darin ebenfalls „durch". Beispiele → Anhang.
Präposition im Schwedischen, Dativobjekt im Deutschen: *titta ut genom fönstret* / aus dem Fenster sehen.
Zusammensetzung eines Adjektivs mit *genom* (betont) im Schwedischen, Verdoppelung von „durch" im Deutschen: *genombra* / durch und durch gut, *genomvåt* / durch und durch naß.

hos

Die Bedeutung „räumliche Nähe zu einer oder mehreren Personen" wird im Deutschen durch „bei" (seltener „zu") erzielt. Beispiele → Anhang.
Präposition im Schwedischen, Genitiv im Deutschen: *ovanan hos vissa människor* / die Unsitte bestimmter Menschen.

i

dient der räumlichen und zeitlichen Lokalisierung; die häufigste deutsche Entsprechung ist „in". Weitere Entsprechungen: „an", „auf", „aus", „bei", „vor". Beispiele → Anhang.
Keine Präposition verwendet das Deutsche in folgenden Fällen: *i går* / gestern, *i sommar* / diesen Sommer, *i morse* / heute früh, *i två timmar* / zwei Stunden lang, *(vara) i behov* / Bedarf haben, brauchen, *i smyg* / heimlich, *en kurs i svenska* / ein Schwedischkurs, *ont i huvudet* / Kopfweh, *prata i telefon* / telefonieren; *ge i present* / schenken.
Vergleichen Sie auch: *invånarna i landet* / die Bewohner des Landes.

inför

hat räumliche Bedeutung (Gegenüberstellung von Einzelnem und Masse), entsprechend den deutschen Präpositionen „vor", „gegenüber"; in übertragener Bedeutung stimmt es mit dem deutschen „angesichts" überein. Beispiele → Anhang.

inom

ist „binnen" („innerhalb von") vergleichbar, soweit es eine zeitliche Begrenzung ausdrückt; es kann aber auch eine räumliche Begrenzung bezeichnen und hat dann als deutsche Entsprechung „innerhalb" + Genitiv. Weitere deutsche Entsprechungen sind „hinter" und „in". Beispiele → Anhang.

intill

entspricht „direkt neben", „nahe bei" in seiner räumlichen Bedeutung und „bis (in, auf)" in seiner zeitlichen Bedeutung.

med

und deutsch „mit" stimmen hinsichtlich ihrer verbindenden Funktion überein. Weitere Entsprechungen im Deutschen sind „an", „bei", „um" und „zu". Beispiele → Anhang.
Das Deutsche kommt ohne Präposition aus: *till och med* (abgekürzt: *t. o. m.*) / sogar, *i och med att . . .* / indem [+ Nebensatz]), *med ens* / auf einmal, *det är bra med (rullgardiner)* / es ist gut, (Rollvorhänge) zu haben, *det var dåligt med (sol)* / es gab wenig (Sonne), *fördelen med* / der Vorteil + Genitiv, *bli av med* / loswerden + Akk., *stå ut med* / aushalten + Akk., *jämnårig med* / genau so alt wie, *hur står det till med dig?* / wie geht es dir?, *det är farligt med (alkohol)* / (Alkohol) ist gefährlich, *man lyckas med (någonting)* / (etwas) gelingt einem, *gifta sig med* / heiraten + Akk.

mellan

bezeichnet wie das deutsche „zwischen" das Verhältnis einer räumlichen oder zeitlichen Größe A zu zwei anderen Größen B und C. Weitere deutsche Entsprechungen sind „unter", „von . . . auf" und „von . . . bis". Beispiele → Anhang.
Vergleichen Sie: *oss* **emellan** / **unter** uns.

mot

bezeichnet wie „gegen" eine Konfliktbeziehung. Übereinstimmung mit „gegen" besteht auch hinsichtlich der Bedeutung „zeitliche Annäherung", doch kann das Deutsche auch „auf . . . zu" verwenden. *mot* drückt im Schwedischen auch eine Richtung aus; das Deutsche verwendet hier „auf". Zur Bezeichnung einer Gefühlszuwendung dient im Deutschen „zu". Weitere deutsche Entsprechungen sind „vor" und „wider". Beispiele → Anhang.
Vergleichen Sie: *i riktning* **mot** *Göteborg* / in Richtung Göteborg.

om

dient wie das deutsche „um" der Bezeichnung einer Subjekt-Objektbeziehung, doch kann diese Funktion im Deutschen auch von den Präpositionen „über" und „von" übernommen werden. – Die temporale Bedeutung des *om* erbringen die deutschen Präpositionen „an" (Bezeichnung eines sich wiederholenden Zeitpunkts) und „in" (Bezeichnung eines in der Zukunft liegenden Zeitpunkts). Beachten Sie: Im modernen Schwedisch wird das *om* häufig durch *på* ersetzt (nicht, wenn es Zukunftsbedeutung hat); man sagt z. B. *på dagen* statt *om dagen*. Eine weitere deutsche Entsprechung ist „nach". Beispiele → Anhang.
Keine Präposition verwendet das Deutsche in folgenden Beispielen: *tvätta sig om händerna* / sich die Hände waschen, *inte låtsas om* / sich nichts anmerken lassen, *huller om buller* / drunter und drüber, *ont om pengar* / wenig Geld (haben), schlecht bei Kasse.

omkring, kring

omkring, kring in der Bedeutung „kreisförmig angeordnet bzw. verlaufend" wird im Deutschen gewöhnlich mit „um" („um . . . herum") wiedergegeben.

Vergleichen Sie aber: *när allt kommer omkring* / alles in allem, *Vi är femton kring bordet* / Wir sind fünfzehn (bei Tisch).

på

ist ein räumlicher Gegenbegriff zu *under* / unter und stimmt hierin mit „auf" überein. Die Präposition kann darüber hinaus andere Arten lokaler Zuordnung (auch abstrakter Natur) bezeichnen, deren deutsche Entsprechungen „an", „auf" oder „in" sind. Außerdem bezieht sich *på* oft auf das Objekt einer Handlung oder Gefühlsäußerung, ähnlich dem deutschen „auf" (Vergleichen Sie *arg på* / böse auf). Die temporale Bedeutung kann im Deutschen durch „an", „in" oder „zu" wiedergegeben werden. – Weitere deutsche Entsprechungen sind „aus", „für", „mit", „seit", „über", „um" und „von". Beispiele → Anhang. Vergleichen Sie folgende Unterschiede:
a) Präposition im Schwedischen, keine Präposition im Deutschen. Beispiele: *hälsa på* / begrüßen, grüßen, *kalla på* / rufen + Akk., *samla på* / sammeln + Akk., *imponera på* / imponieren + Dat., *prenumerera på* / abonnieren + Akk., *glänta på* / anlehnen, einen Spaltbreit öffnen + Akk., *släpa på* / schleppen + Akk., *ändra på* / ändern + Akk., *skriva (på) maskin* / Maschine schreiben, *öka på* / vermehren + Akk., *(vara) trött på* / (es) müde (sein), *titta på TV* / fernsehen, *lyssna på radio* / Radio hören, *lyfta på armen* / den Arm heben, *skaka på huvudet* / den Kopf schütteln.
b) Präposition im Schwedischen, Genitiv im Deutschen. Beispiele: *färgen på bilen* / die Farbe des Autos, *lösningen på problemet* / die Lösung des Problems, *taket på huset* / das Dach des Hauses, *namnen på de tolv månaderna* / die Namen der 12 Monate, *representanten för jordbruket* / der Repräsentant der Landwirtschaft.
Vergleichen Sie auch: *på fredagarna* / freitags.

runt

hat als deutsche Entsprechung „um" („um ... herum"). Im Gegensatz zu „um" hat *runt* keine temporale Bedeutung (→ vid), außer in *dygnet runt* / Tag und Nacht. (Vergleichen Sie die neuere Bildung „rund um die Uhr".)

sedan

bezeichnet wie „seit" einen zeitlichen Vorgang, der noch nicht abgeschlossen ist. Es kann durch *tillbaka* verstärkt werden: *sedan tre år tillbaka* / seit drei Jahren. Beispiele → Anhang. Vergleichen Sie: *sedan dess* (Genitiv!) / seitdem (Dativ!).

till

bezieht sich wie „an", „nach" und „zu" auf räumliche (auch abstrakte) Ziele, bei zeitlichen Zielen ist die deutsche Entsprechung „bis". *till* kann wie „zu" auch einen Zeitpunkt bezeichnen. Wie „bis auf" bezeichnet *till* auch eine zahlenmäßige Grenze. Mit „von" stimmt es überein, wenn es eine Beziehung zwischen Personen bezeichnet. Weitere Bedeutungsentsprechungen sind „auf", „für", „in", „mit" und „um".
Präposition im Schwedischen, Genitiv im Deutschen: *adressen till bostadsförmedlingen* / die Adresse des Wohnungsamts, *inledningen till boken* / die Einleitung des Buches, *orsaken till olyckan* / die Ursache des Unglücks.
Abweichend gebildet sind auch: *till utseendet* / vom Aussehen her, *till namnet* / dem Namen nach, *till höger* / rechts, *få till skänks* / geschenkt bekommen, *ta till orda* / das Wort ergreifen, *nyckeln till rummet* / der Türschlüssel.

trots

ist konzessiv und entspricht deutsch „trotz". Das dazugehörige Substantiv steht im Objektfall. Beispiele → Anhang.

under

entspricht, räumlich verwendet, dem deutschen „unter". Temporal verwendet bezeichnet *under* wie das deutsche „während", „in" oder „über" eine Zeitdauer; die Übersetzung „unter" ist im Deutschen nur in bestimmten Wendungen angebracht. Beispiele → Anhang.
Wegfall der Präposition im Deutschen: *under mer än ett år* / mehr als ein Jahr.

ur

ist eine Herkunftsbezeichnung, die sich auf einen mehr oder weniger geschlossenen Raum (z. B. Tunnel) bezieht und hierin mit „aus", „aus ... heraus" übereinstimmt. Die Präposition entspricht aber auch dem deutschen „außer" und „von". Beispiele → Anhang.
Vergleichen Sie: *vara ur gängorna* / nicht in Form sein.

utan

entspricht in der Bedeutung dem deutschen „ohne". Fehlende Präposition im Deutschen: *utan tvekan* / zweifellos, *det är inte utan att ...* / es läßt sich nicht leugnen, daß ...

utmed (längs)

bezeichnet wie „längs", „entlang" einen Verlauf, der parallel zu einer vorgegebenen Linie (z. B. Straße, Fluß) ist. Beispiele → Anhang.

utom, förutom

bringt zum Ausdruck, daß eine Menge A durch eine Größe B vermindert ist und steht in Übereinstimmung mit „außer". Demgegenüber meint *förutom* eine zu einer Menge hinzukommende Größe. Das Deutsche kann in beiden Fällen „außer" verwenden. Beispiele → Anhang.
Vergleichen Sie: *utomlands* / im Ausland, *dessutom* / außerdem.

vid

stimmt mit „an" insofern überein, als es eine räumliche Beziehung zwischen zwei Größen bezeichnet (A grenzt an B an), und auch in einem abstrakt räumlichen Sinn verwendbar ist. (Vergleichen Sie: *vid universitetet* / an der Universität; im modernen Schwedisch kann auch *på universitetet* gesagt werden.) Temporale Bedeutung: Ihr entspricht im Deutschen „um" und „zu" (Bezeichnung eines Zeitpunkts), „um ... herum" (Ungenauigkeit einer Zeitangabe), und „bei" (Gleichzeitigkeit). Beispiele → Anhang.
Präposition im Schwedischen, Genitiv im Deutschen: *vid namn* / namens. Vergleichen Sie auch: *ta illa vid sig* / sich zu Herzen nehmen.

åt

wird im Deutschen mit „für" oder „über" wiedergegeben, wenn es eine Subjekt-Objektbeziehung meint, in der das Objekt der empfangende bzw. passive Teil ist, mit „in", „nach" und „-wärts", wenn es eine Richtung bezeichnet. Eine weitere Entsprechung ist „auf". Beispiele → Anhang.
Vergleichen Sie folgende Unterschiede (Präposition im Schwedischen, Dativobjekt im Deutschen): *ägna (sig) åt* / (sich) widmen + Dativ, *ge åt* / geben + Dativ, *säga åt* / sagen + Dativ.
Beachten Sie folgende Unterschiede: *Det gick åt skogen* / Das ging daneben, *Dra åt helvete!* / Scher' dich zum Teufel!

över

Dem schwedischen *över* entspricht deutsch „über" in seiner räumlichen und zeitlichen

(Überbrückung eines Zeitraums) Bedeutung; beide Präpositionen können sich auf das Objekt einer Gefühlsäußerung beziehen (wie in *glad över* / froh über) oder ein Verhältnis von Über- und Unterordnung bezeichnen. Der schwedischen Präposition kann ferner „auf", „nach" und „von" entsprechen. Beispiele → Anhang.

-för

Den Zusammensetzungen mit *-för* entsprechen im Deutschen Zusammensetzungen mit -halb (z. B. *nedanför* / unterhalb → Anhang). *komma innanför dörren* muß im Deutschen abweichend wiedergegeben werden. Beispiel: *Så snart han kom innanför dörren kände han sig lugnare* / Sobald er im Haus (Zimmer) war, fühlte er sich ruhiger.

Adverb + Präposition

in i (rummet, huset) – ins (Zimmer, Haus)

ut ur (rummet, tunneln) – aus dem (Zimmer, Tunnel)

in på (restaurangen, kaféet) – ins (Restaurant, Café)

in till (läkaren, chefen) – zum (Arzt, Chef) hinein, *in till stan* / in die Stadt

in genom (dörren, fönstret) – zur (Tür), zum (Fenster) hinein bzw. herein

ut genom (dörren, fönstret) – zur (Tür), zum (Fenster) hinaus

ut från (restaurangen, kaféet) – aus dem (Restaurant, Café) [heraus]

nerför (trappan, backen) – (die Treppe, den Hang) hinunter bzw. herunter

uppför (trappan, backen) – (die Treppe, den Hang) hinauf bzw. herauf

ut i (trädgården, parken) – in den (Garten, Park) [hinaus]

in från (trädgården, parken) – vom (Garten, Park) herein

ner i (vattnet) – ins (Wasser) [hinunter]

ner till (bottenvåningen, dalen) – zum (Erdgeschoß), ins (Tal) [hinunter]

upp till (stugan, översta våningen) – zur (Hütte, zum Obergeschoß) hinauf

upp (på berget, taket) – auf (den Berg, das Dach) [hinauf]

Während das Deutsche in vielen Fällen mit nur einer Präposition auskommt, benötigt das Schwedische gewöhnlich ein Adverb und eine Präposition, um die Richtung eines Bewegungsvorgangs anzugeben. Ausnahme: *hoppa i vattnet* / ins Wasser springen.

IX. Konjunktion

Nach ihrem Einfluß auf die Form des Satzes lassen sich neben- und unterordnende Konjunktionen unterscheiden.

1. Nebenordnende Konjunktionen

Diese Konjunktionen leiten im Gegensatz zu den unterordnenden Konjunktionen **Hauptsätze** ein oder verteilen sich als zweigliedrige Konjunktionen auf zwei Hauptsätze bzw. Satzglieder.

a. *Han var inte förberedd,* **och** *resultatet blev därefter* (Er war nicht vorbereitet, **und** das Resultat war dementsprechend).

Vill du ha vin, **eller** *föredrar du ett glas vatten?* (Willst du Wein haben, **oder** ziehst du ein Glas Wasser vor?)

De var hemma, **men** *Lena var på semester* (Sie waren zu Hause, **aber** Lena war im Urlaub).

Jag talade mycket högt **så** *han kunde förstå vad jag sade* (Ich sprach sehr laut, **so daß** er verstehen konnte, was ich sagte).

De vågade inte lämna stugan, **ty**[14] *vädret blev allt sämre* (Sie wagten nicht, die Hütte zu verlassen, **denn** das Wetter wurde immer schlechter).

De var oroliga, **för** *deras katt hade inte kommit hem* (Sie waren unruhig, **denn** ihre Katze war nicht heimgekommen).

Hon hade redan fått en glass, **fast** *det kunde ju inte pappa veta* (Sie hatte schon ein Eis bekommen, **aber** das konnte ja Papa nicht wissen).

Hon kommer **inte** *hem efter kursen* **utan** *går direkt till jobbet* (Sie kommt nach dem Kurs **nicht** heim, **sondern** geht direkt zur Arbeit).

Inte bara *populärlitteratur* **utan även** *skönlitteratur säljer bra till jul* (**Nicht nur** Trivialliteratur, **sondern auch** Belletristik verkauft sich gut zu Weihnachten).

Visserligen *är han bra i matte,* **men** *hans uppförande lämnar mycket övrigt att önska* (**Zwar** ist er gut in Mathematik, **aber** sein Benehmen läßt viel zu wünschen übrig).

Antingen *kommer du med* **eller** *du stannar hemma hos Karin* (**Entweder** kommst du mit, **oder** du bleibst zu Hause bei Karin).

---

14 wird nur in der Schriftsprache verwendet

Trasten förekommer **såväl** *i Sverige* **som** *i grannländerna* (Die Drossel kommt **sowohl** in Schweden **als auch** in den Nachbarländern vor).

Både *regeringen* **och** *LO ställde sig bakom beslutet* (**Sowohl** die Regierung **als auch** die Gewerkschaft stellten sich hinter den Beschluß).

Vi fick inte tag på honom, **varken** *hemma* **eller** *på jobbet* (Wir erreichten ihn nicht, **weder** zu Hause **noch** in der Arbeit).

2. Unterordnende Konjunktionen

Diese Konjunktionen leiten **Nebensätze** ein, d. h. in den Sätzen, die von ihnen eingeleitet werden, stehen die Negation *inte* und die „wandernden Adverbien" vor statt hinter dem Verb (→ Wortstellung). Wenn der Nebensatz vorangestellt wird, tritt im Hauptsatz Inversion ein (→ Wortstellung).

Nach ihrer Bedeutung unterscheidet man folgende Konjunktionen:
1. **Temporale**
   a. **när, då** als, wenn
   b. **så snart** so bald, **knappt ... förrän** kaum ... als, **inte förrän** erst als
   c. **sedan, efter det att, efter att + Infinitiv** nachdem
   d. **innan** bevor
   e. **tills** bis
   f. **medan, under det att** während, **så länge** so lange

2. **Kausale**
   därför att, för att, då, eftersom, som weil, da

3. **Finale**
   för att um zu

4. **Konzessive**
   a. **fast(än), trots att, även om** obwohl, wenn auch
   b. **hur ... än** wie ... auch, **vad ... än** was ... auch, **vem ... än** wer ... auch, **var ... än**   wo ... auch

5. **Konditionale**
   a. **om, ifall** wenn, falls, **bara** wenn nur
   b. **vare sig ... eller** sei es daß ... oder, ob ... oder nicht

6. **Irreale**
   a. **om + Konjunktiv** wenn + Konjunktiv
   b. **som om** als ob

7. **Konsekutive**
   a. **så ... att** so ... daß, **(så)att** daß, so daß
   b. (ausbleibende Folge:) **utan att** ohne zu + Infinitiv

8. **Komparative**
   a. **som** wie, **lika ... som** genau so ... wie
   b. **Komparativ + än** Komparativ + als
   c. **ju + Komparativ ... desto + Komparativ** je + Komparativ ... desto + Komparativ

9. **Interrogative**
   a. **om** ob
   b. **huruvida** inwieweit
   c. **varför** warum, ... etc.

10. **Instrumentale**
    genom att indem + Infinitiv

11. **Adversative**
    a. **medan** während
    b. **istället för att** anstatt + Infinitiv

12. **att + Infinitiv** daß + Infinitiv

Beispiele:
1. a. **När** *våren kom träffades de för andra gången* (**Als** der Frühling kam, trafen sie sich zum zweiten Mal).
   b. **Så snart** *han var framme postade han brevet* (**Sobald** er da war, gab er den Brief auf), **Knappt** *hade han öppnat dörren* **förrän** *han fick syn på blommorna* (**Kaum** hatte er die Tür geöffnet, **als** er auch schon die Blumen sah), **Inte förrän** *han hade slagit sig ner upptäckte han meddelandet* (**Erst als** er sich gesetzt hatte, entdeckte er die Mitteilung).
   c. **Sedan** *hon hade flyttat ut på landet kände hon sig bättre* (**Nachdem** sie aufs Land gezogen war, fühlte sie sich besser), **Efter det att** *hon hade flyttat ...,* **Efter att** *ha flyttat ...*
   d. **Innan** *hon lämnade rummet vattnade hon blommorna* (**Bevor** sie das Zimmer verließ, goß sie die Blumen).
   e. *Hon väntade* **tills** *han hittat nyckeln* (Sie wartete, **bis** er den Schlüssel gefunden hatte).
   f. **Medan (Under det att)** *herr B. gick ut med hunden lagade hans fru maten* (**Während** Herr B. den Hund ausführte, bereitete seine Frau das Essen zu), **Så länge** *du bor kvar här tänker jag inte flytta* (**Solange** du hier wohnen bleibst, denke ich nicht daran umzuziehen).

2. *Hon talar bra svenska* **därför** *att hennes mor är svenska* (Sie spricht gut Schwedisch, **weil** ihre Mutter Schwedin ist), **Eftersom (som)** *jag inte kom ihåg ditt efternamn hade jag ingen möjlighet att ringa dig* (**Da** ich mich nicht an deinen Nachnamen erinnerte, hatte ich keine Möglichkeit, dich anzurufen).

3. *Vi deltog i en sommarkurs i Berlin* **för att** *lära oss tyska* (Wir nahmen an einem Sommerkurs in Berlin teil, **um** Deutsch **zu** lernen).

4. a. **Fast(än)** *vi inte hade träffats på mycket länge kände vi genast igen varandra* (**Obwohl** wir uns lange Zeit nicht gesehen hatten, erkannten wir uns sogleich wieder), **Trots att** *vi inte hade träffats …*

   b. *De eldade bara i vardagsrummet* **hur** *kallt det* **än** *var* (Sie machten nur im Wohnzimmer Feuer, **so** kalt es **auch** war), **Vad** *vi* **än** *föreslog kom de med invändningar* (Sie machten Einwendungen, **was** immer wir **auch** vorschlugen), **Vem** *jäg* **än** *pratade med var det ingen som kände till brevet* (Mit **wem** ich **auch** gesprochen habe, keiner kannte den Brief).

5. a. **Om** *det inte redan är för sent skulle vi kunna dricka en kopp kaffe före föreställningen* (**Wenn** es nicht schon zu spät ist, könnten wir eine Tasse Kaffee vor der Vorstellung trinken), **Bara** *du inte spiller på duken får du en bit tårta* (**Wenn** du **nur** das Tischtuch nicht bekleckerst, bekommst du ein Stück Torte).

   b. *I vinter ska vi åka till fjällen,* **vare sig** *vi har råd* **eller** *inte* (Diesen Winter werden wir in die Berge fahren, **ob** wir es uns leisten können **oder nicht**).

6. a. **Om** *jag hade pengar skulle jag hälsa på Åke* (**Wenn** ich Geld hätte, würde ich Åke besuchen).

   b. *Han nickade* **som om** *han begrep vad det handlade om* (Er nickte, **als ob** er verstünde, worum es sich handelte).

7. a. *Vi blev* **så** *glada över hans besök* **att** *vi glömde vad grannarna hade sagt om honom* (Wir freuten uns **so** über seinen Besuch, **daß** wir vergaßen, was die Nachbarn über ihn gesagt hatten), *Vi köpte mer och mer* **så att** *vi till sist inte hade ett öre kvar* (Wir kauften mehr und mehr, **so daß** wir am Ende keine einzige Öre mehr übrighatten).

   b. *Vi lyssnade* **utan att** *förstå* (Wir hörten zu, **ohne zu** verstehen).

8. a. **Som** *tidigare nämnts är Sverige rikt på fornlämningar* (Wie früher erwähnt, ist Schweden reich an Altertümern), *Det fanns* **lika** *många båtar i den lilla hamnen* **som** *det bodde människor i semesterbyn* (In dem kleinen Hafen gab es **genau so** viel Boote, **wie** in dem Feriendorf Menschen wohnten).

   b. *Resan var besvärligare* **än** *vi hade anat* (Die Reise war beschwerlicher, **als** wir geglaubt hatten).

   c. **Ju** *äldre han blev* **desto** *mer längtade han tillbaka till föräldrarnas gård* (**Je** älter er wurde, **desto** mehr sehnte er sich nach dem Hof seiner Eltern zurück).

9. a. *Vi undrade* **om** *han hade kvar sin gamla katt* (Wir wollten wissen, **ob** er seine alte Katze noch hatte).

   b. *Vi visste inte* **huruvida** *händelserna i den närbelägna staden skulle beröra oss*

(Wir wußten nicht, **inwieweit** uns die Ereignisse in der nahegelegenen Stadt berühren würden).

c. *Jag undrar* **varför** *hon inte kommer* (Ich frage mich, **warum** sie nicht kommt).

10. **Genom att** *prenumerera på tidningen var han mycket välinformerad* (**Indem** er die Zeitung regelmäßig bezog, war er sehr gut informiert).

11. a. **Medan** *människorna i Europa uppnådde en allt högre levnadsstandard svalt allt fler människor i u-länderna* (**Während** die Menschen in Europa einen immer höheren Lebensstandard erreichten, hungerten immer mehr Menschen in den Entwicklungsländern).

b. **Istället för att** *läsa tidningen borde du hjälpa oss!* (**Anstatt** die Zeitung **zu** lesen, solltest du uns helfen!).

12. a. (*att*-Satz ist Subjekt des Satzes:) **Att resa** *utomlands är alltid mycket givande* (Ins Ausland **zu reisen** ist immer sehr lohnend).

b. (*att*-Satz ist Objekt des Satzes:) *Jag föredrar* **at stanna** *hemma* (Ich ziehe es vor, zu Hause **zu bleiben**).

---

⑤Ⓓ Übereinstimmend tritt im Hauptsatz Inversion ein, wenn der Nebensatz vorangestellt ist.
Beispiele:
Medan hon läste tidningen **diskade han** (Wortfolge: Verb – Subjekt),
Während sie die Zeitung las, **wusch er ab** (Wortfolge: Verb – Subjekt).
Im Unterschied zu „weil" wird *därför att* nicht einleitend verwendet (Vergleichen Sie: Weil ich keine Zeit habe...); man beginnt stattdessen mit dem Hauptsatz. *eftersom* und *då* (vorwiegend schriftsprachlich) können einleitend stehen.
Im Deutschen kann „wenn" sowohl konditionale als temporale Funktion haben. Das schwedische *om* ist nur konditional; soll temporale Bedeutung erzielt werden, muß *när* verwendet werden.
Om *du vill kan du följa med oss* / **Wenn** du willst, kannst du mitkommen.
När *ungarna kommer hem gör hon i ordning middagen* / **Wenn** die Kinder nach Hause kommen, bereitet sie das Essen zu.
om kann auch zur Einleitung indirekter Fragesätze verwendet werden und entspricht dann dem deutschen „ob". Vergleichen Sie: *Jag vet inte* **om** *han kommer* / Ich weiß nicht, **ob** er kommt.
Das Deutsche verwendet anstelle von „als" das ebenfalls temporale „wenn", sofern eine Wiederholung bezeichnet werden soll. Das Schwedische kennt diesen Unterschied nicht. Vergleichen Sie:
När *han ringde Eva svarade hennes mamma* / **Als** er Eva anrief, antwortete ihre Mutter.
När *han ringde Eva svarade alltid hennes mamma* / **Wenn** er Eva anrief, antwortete immer ihre Mutter.
Das instrumentale *genom* kann im Schwedischen mit Infinitiv gebildet werden, im Deutschen nicht. (Vergleichen Sie: *genom att skrika högt* / indem er laut schrie).
Das gleiche gilt für *efter att* (*efter att ha läst boken*... / nachdem er das Buch gelesen hatte...).

Beide Sprachen haben den Infinitiv nach *istället för* / anstatt und nach *utan att* / ohne zu. Beispiel: *Han tittade på kortet utan att reagera* / Er blickte auf das Photo, ohne zu reagieren.

Anstelle des konditionalen *om* / wenn kann übereinstimmend das Verb an den Satzanfang treten: *Blir det sent tar jag en taxi* / Wird es spät, nehme ich ein Taxi.

om und *vad* müssen, wenn Sie einen indirekten Fragesatz als **Subjekt** einleiten, durch *som* erweitert werden. Hieraus ergibt sich ein Unterschied zum Deutschen: *Vet du* **vem som** *har skrivit det här?* / Weißt du, wer das hier geschrieben hat?, *Jag undrar* **vad som** *är på TV i kväll* / Ich möchte gern wissen, was heute abend im Fernsehen ist.

(att-Sätze:) Wenn der att-Satz vorangestellt wird, steht im Schwedischen die adverbiale Bestimmung hinter, im Deutschen vor dem Verb. Vergleichen Sie: **att resa** *utomlands* ... / ins Ausland **zu reisen** ...

Beachten Sie folgende Unterschiede:

Det är **så att** *man kan bli rasande* / Es ist zum Verrücktwerden
Just **som** *jag skulle lyfta luren* ... / Gerade **als** ich den Hörer abnehmen wollte ...

94

X. Interjektionen

Interjektionen sind Ausrufewörter, die freistehend sind und größtenteils dem Gefühlsausdruck dienen. Sie werden oft mit einem Ausrufezeichen versehen. Beispiele: *ack* ach, *aj* au, *äsch* ach was, *fy* pfui, *jaså* ach so, *jaha* aha, *javisst* klar (gewiß doch), *kors* du meine Güte, *nå* na, *ojdå* nanu, *o* oh, *usch* (Ausdruck des Abscheus). Auch der Trinkruf *skål* Prost, das Grußwort *hej* hallo, abwertende Kommentare wie *prat* Geschwätz, Fluchworte wie *fan* verdammt sowie die Höflichkeitsformeln *varsågod* bitte und *tack* danke sind Interjektionen.

varsågod kann im Schwedischen alleinstehend verwendet werden wie das deutsche „bitte": *Varsågod, ta det här!* / Bitte, nehmen Sie das!
Beachten Sie aber folgende Unterschiede:
Var snäll och öppna fönstret! / **Bitte,** mach das Fenster auf!
Ursäkta! – För all del! / Verzeihung! – **Bitte!**
Tack / danke kann auch wie das deutsche „bitte" verwendet werden: *Två hekto ost, tack!* / Zweihundert Gramm Käse, **bitte!**

XI. Satzart und Wortstellung

1. Hauptsatz

a. Aussagesatz

Bei normaler Betonung wird der Aussagesatz durch das Subjekt eingeleitet. Beispiel: *Sven går på bio* (Sven geht ins Kino). Das Subjekt kann jedoch durch ein anderes Satzglied ersetzt werden, das betont werden soll.
Beispiele:
Einleitung durch
a) **Objekt**
Eva *glömde han inte* (Eva vergaß er nicht)
b) **Präpositionalobjekt**
Med Olle *ville hon inte dansa* (Mit Olle wollte sie nicht tanzen)
c) **Adverb**
Ibland *snöade det* (Manchmal schneite es)
d) **lokale oder temporale Ergänzung**
I villan *bodde Pippi Långstrump* (In der Villa wohnte Pippi Langstrumpf)
e) **unpersönliches** *det*
Det *kom många barn* (Es kamen viele Kinder)
Inversion im Aussagesatz: Falls das Subjekt nicht einleitend ist und ein anderes Satzglied seinen Platz einnimmt, tritt Inversion ein, d. h. die Reihenfolge Subjekt – Verb wird zugunsten der Reihenfolge Verb – Subjekt aufgegeben. Das Verb steht also auf Platz 2 im Satzfeld (siehe Beispiele oben).

Wenn statt des Subjekts ein anderes Satzglied den Satz einleitet, tritt in beiden Sprachen Inversion ein. Diese Erscheinung unterscheidet das Deutsche und das Schwedische von anderen europäischen Sprachen.

b. Fragesatz

Fragesätze können mit einem Fragepronomen, einem Fragepronomen + Substantiv, einem Verb (auch Hilfs- oder Modalverb), einem Frageadverb oder einer Präposition eingeleitet werden. Beispiele: **Vem** *kommer där?* (Wer kommt dort?), **Vilken** *bok vill du ha?* (Welches Buch willst du haben?), **Kommer** *du?* (Kommst du?), **Har** *du redan ätit?* (Hast du schon gegessen?), **När** *stänger banken?* (Wann schließt die Bank?), **Av** *vilken anledning ringde han?* (Aus welchem Anlaß rief er an?).

Im Fragesatz tritt ebenfalls Inversion auf; das Subjekt steht also nach dem Verb (bei mehrteiligem Prädikat nach dem ersten Prädikatsteil). Wenn allerdings nach dem Subjekt gefragt wird, ist die Reihenfolge unverändert: **Vem** *kommer där?* (Wer kommt dort?)

Die Wortstellung ist im Deutschen und Schwedischen die gleiche. Der schwedische Fragesatz wird aber nicht mit Präposition + Fragepronomen eingeleitet, wie dies im Deutschen möglich ist. Vergleichen Sie: **Vem** *väntar du* **på**? / **Auf wen** wartest du? Die Präposition steht im Schwedischen am Ende des Satzfeldes. Ausnahme: Im Schwedischen kann eine Präposition + Fragepronomen am Anfang stehen, wenn ein Substantiv folgt und die Präposition nicht unmittelbar zum Verb gehört. Beispiel: **Av vilken anledning** *ringer han?* / Aus welchem Anlaß ruft er an?

c. Aufforderungssatz

Der Aufforderungssatz wird eingeleitet durch das Verb in seiner Imperativform (→ Imperativ) oder durch *var snäll och* ... (bitte, ...). Beispiel: **Släck** *ljuset!* (Mach das Licht aus!), **Var snäll och släck** *ljuset* (Bitte, mach das Licht aus!). Die Höflichkeitsformel kann auch unter Verwendung des Personalpronomens nachgestellt werden: *Öppna dörren* **är du (ni) snäll(a)**!

Bei Verwendung der „Sie"-Form hat der deutsche Imperativsatz Inversion. Beispiel: „Geben Sie mir den Brief!" Im Schwedischen fehlt hierzu die Entsprechung, da gewöhnlich kein Pronomen zur Bildung des Imperativs verwendet wird: *Ge mig brevet!* (→ Imperativ).
Im Gegensatz zu dem freistehenden „bitte" ist „*Var snäll och ...*" Teil des Aufforderungssatzes und daher eher dem deutschen „Sei (seien Sie, seid) so nett und ..." vergleichbar.

d. Ausrufesatz

Im Ausrufesatz findet im Unterschied zum Fragesatz keine Inversion statt, wenn er durch ein Fragepronomen eingeleitet wird. Beispiele: *Vad det är vackert här!* (= *Så vackert det är här!)* (Wie schön es hier ist!), *Vilka söta barn hon har!* (Welch süße Kinder sie hat!). Auch Fragesätze können die Funktion von Ausrufesätzen übernehmen: *Har du sett maken till det här!* (Hast du so etwas schon mal gesehen!). Das gleiche gilt für Aussagesätze: *Där kommer de igen!* (Da kommen sie (schon) wieder!).

Im Deutschen kann der Ausrufesatz auch die Form eines Fragesatzes mit Inversion haben (Wie schön ist es hier! = Wie schön es hier ist!), während im Schwedischen gerade Wortfolge verlangt wird *(Vad vackert det är här!).* Das Schwedische verwendet

97

im Unterschied zum Deutschen für den Ausrufesatz nicht das Frageadverb des Frage-satzes. Vergleichen Sie: **Hur** *tjock är han?* / **Wie** dick ist er?, **Vad** *han är tjock!* / **Wie** dick er ist! Das Fragepronomen *vilka* bleibt im Ausrufesatz unverändert; das ihm ent-sprechende deutsche „welche" verliert im Ausrufesatz oft sein -e. Vergleichen Sie: **Vilka** *trevliga barn!* / **Welch** nette Kinder = welche netten Kinder!

e. Wunschsatz

Wunschsätze werden eingeleitet durch das im Konjunktiv (→ Modus) stehende Verb (Modalverb), es erfolgt also Inversion. Beispiele: *Leve Konungen!* (Es lebe der König!), *Måtte han komma snart!* (Möge er bald kommen!). Der Wunschsatz kann auch die Form eines Nebensatzes haben: *Om han bara kunde komma!* (Wenn er nur kommen könnte!).

In beiden Sprachen tritt Inversion ein. Das Deutsche stellt im Gegensatz zum Schwedi-schen in formelhaften Wendungen ein unpersönliches „es" an den Satzanfang. Vergleichen Sie: *Varde ljus* / **Es** werde Licht!
Heutzutage bevorzugen beide Sprachen Wunschsätze, die die Form eines irrealen Nebensatzes haben: *Om han bara kunde komma!* / Wenn er doch kommen könnte!

2. Nebensatz

Nebensätze sind durch Konjunktionen (→ Konjunktionen), Relativadverbien (→ Adverb) oder Relativpronomen (→ Pronomen) mit dem Hauptsatz verbunden. Sie unterscheiden sich vom Hauptsatz durch die Stellung der sog. „wandernden Adverbien" (vergleichen Sie unten) sowie der Negation *inte* (→ Negation). Man unterscheidet **1. Temporale, 2. Kausale, 3. Finale, 4. Konzessive, 5. Kon-ditionale, 6. Konsekutive, 7. Komparative, 8. Interrogative, 9. Instrumen-tale Nebensätze** (Beispiele → Konjunktionen). Darüber hinaus können Neben-sätze die Funktion von Satzgliedern übernehmen, so daß sich weitere Unterschei-dungsmerkmale ergeben.
a. Subjektsatz (anstelle eines Subjekts): *Att du inte har klarat provet förvånar mig* (Daß du die Prüfung nicht bestanden hast, wundert mich).
b. Objektsatz (anstelle eines Objekts): *Hon tror att han är helt frisk* (Sie glaubt, daß er ganz gesund ist).
c. Adverbialsatz (anstelle eines Adverbs): *Genom att vi kunde språket lärde vi känna många trevliga människor* (Dadurch, daß wir die Sprache kannten, lernten wir viele nette Menschen kennen).
d. Attributsatz (anstelle eines Attributs): *Vi såg en man där som var otroligt gammal* (Wir sahen dort einen Mann, der unglaublich alt war) = **Relativsatz**. Weitere Beispiele → Relativpronomen.

Indirekte Fragesätze haben im Gegensatz zu direkten Fragesätzen keine Inversion. Vergleichen Sie: *Kommer* **han**? (Kommt er?) (direkter Fragesatz), *Vet du om* **han** *kommer?* (Weißt du, ob er kommt?) (indirekter Fragesatz).

Verhältnis Haupt-/Nebensatz:

Wenn der Nebensatz dem Hauptsatz vorangeht, tritt im Hauptsatz Inversion ein. Beispiel: *När han just hade somnat* **ringde det** *på telefonen* (Als er gerade eingeschlafen war, klingelte das Telefon). Vergleichen Sie die Wortstellung bei nachfolgendem Nebensatz: **Det ringde** *på telefonen när han just hade somnat.*

Das Schwedische kennt die Regel nicht, wonach im Deutschen das Verb (bei mehrteiligem Prädikat das Modalverb oder das Hilfsverb) im Nebensatz am Ende des Satzfeldes steht. Vergleichen Sie: *Det hörs att du* **är** *från Sydsverige* / Man hört, daß du von Südschweden **bist**, *Det märks att du inte* **har** *gjort läxan* / Man merkt, daß du die Hausaufgaben nicht gemacht **hast**. Umgekehrt gilt nur im Schwedischen die Regel, daß das Adverb im Nebensatz seinen Platz ändert (→ Stellung des Adverbs).
Ein Nebensatz läßt sich also im Schwedischen nur an der Art der verwendeten Konjunktion (*för* und *ty* leiten immer nur Hauptsätze ein!) **und an der Stellung des Adverbs erkennen, nicht wie im Deutschen an der Stellung des Hauptverbs.**
In beiden Sprachen tritt bei vorangehendem Nebensatz **Inversion** ein. Vergleichen Sie: *Om du stannar här* **stannar jag** *också* / Wenn du hierbleibst, **bleibe ich** auch.

3. Stellung einzelner Satzglieder

Stellung von Hilfsverb, Modalverb, Hauptverb

Ein mehrteiliges Prädikat bildet im Schwedischen einen Block, der (im Hauptsatz) durch Adverbien (→ Stellung des Adverbs) und die Negation *inte*, aber gewöhnlich nicht durch Objekte oder lokale und temporale Ergänzungen gespalten wird.

Subjekt	Prädikat	
han	*kan förstå*	(er kann verstehen)
han	*har förstått*	(er hat verstanden)
han	*har kunnat förstå*	(er hat verstehen können)

Die Wortstellung des Hauptsatzes wird im Nebensatz beibehalten: *Det är inte säkert att han har velat komma* (Es ist nicht sicher, daß er hat kommen wollen). Das Adverb spaltet den Prädikats„block" im Nebensatz nicht (→ wandernde Adverbien). Eventuelle Prädikatsergänzungen treten, wie im Hauptsatz, ans Ende des Nebensatzes.
Bei Inversion schiebt sich das Subjekt zwischen Hilfs(Modal-)verb und die folgenden Prädikatsteile: *Kan du förstå honom?* (Kannst du ihn verstehen?), *Har du*

förstått honom? (Hast du ihn verstanden?), *Har du kunnat förstå honom?* (Hast du ihn verstehen können?).

Im Deutschen kann ein mehrteiliges Prädikat durch das Objekt, durch lokale oder temporale Ergänzungen gespalten werden. Der Infinitiv oder das Perfektpartizip des Hauptverbs bzw. der Infinitiv des Modalverbs stehen dann am Satzende. Vergleichen Sie:
Han **kan förstå** *Maria* / Er **kann** Maria **verstehen**
Han **har förstått** *Maria* / Er **hat** Maria **verstanden**
Han **har kunnat förstå** *Maria* / Er **hat** Maria **verstehen können**
Beachten Sie auch, daß das Modalverb im Schwedischen vor dem Infinitiv des Hauptverbs steht, während es im Deutschen hinten steht: *De har* **velat** *komma* / Sie haben **kommen wollen**. Das Schwedische verwendet hier außerdem die Supinumform des Modalverbs, im Unterschied zum Deutschen, das den Infinitiv hat. (Ausnahme: Umgangssprache.)
Im Nebensatz macht sich im Deutschen die bereits erwähnte Regel geltend, daß das Verb (bzw. Hilfs- oder Modalverb) am Satzende steht. Da die Wortstellung der Prädikatsteile im Schwedischen gegenüber dem Hauptsatz unverändert ist, ergibt sich folgender Unterschied in der Wortstellung:
Jag tror att han **kan förstå** *Maria* / Ich glaube, daß er Maria **verstehen kann**
Jag tror att han **har förstått** *Maria* / Ich glaube, daß er Maria **verstanden hat**
Jag tror att han **har kunnat förstå** *Maria* / Ich glaube, daß er Maria **hat verstehen können.**

Negation

Wenn der Satz nur ein Verb enthält, steht die Verneinung vor den Präpositionalobjekten. Beispiele: *Lena tackade* **inte** *för presenten* (Lena dankte nicht für das Geschenk), *I år reser vi* **inte** *till fjällen* (Dieses Jahr reisen wir nicht ins Gebirge). Bei mehrteiligem Prädikat steht die Verneinung unmittelbar vor dem Haupt- bzw. Modalverb. Beispiele: *Hon vill* **inte** *träffa honom* (Sie will ihn nicht treffen), *Vi har* **inte** *träffat honom* (Wir haben ihn nicht getroffen), *Vi har* **inte** *velat träffa honom* (Wir haben ihn nicht treffen wollen). Stellung im Nebensatz: Vergleichen Sie unten!
Die Verneinung steht vor dem Objekt des Satzes, sofern dieses nicht durch ein Personalpronomen vertreten ist: *Han såg* **inte** *den lilla bilen* (Er sah das kleine Auto nicht). Ist das Objekt durch ein Personalpronomen ersetzt, steht die Verneinung dahinter: *Han såg den* **inte** (Er sah es nicht). Ausnahme: Bei Verben, die mit einer Präposition verbunden sind, erscheint die Negation zwischen Verb und Präposition: *Jag känner* **inte** *till honom* (Ich kenne ihn nicht). (Vergleichen Sie: *Jag känner honom* **inte** / Ich kenne ihn nicht (persönlich)). Bei betonter Verneinung kann die Verneinung auch einleitend stehen. Beispiel: **Inte** *glömmer de att det var vi som började* (Sie vergessen bestimmt nicht, daß wir angefangen haben).
Im Nebensatz hat die Verneinung ihren Platz vor dem Verb bzw. vor dem Prä-

dikatsblock (→ wandernde Adverbien). Beispiel: *Jag vet att de* inte *saknar livet i staden* (Ich weiß, daß sie das Leben in der Stadt nicht vermissen).

Im Deutschen und im Schwedischen steht die Verneinung vor den Präpositionalobjekten, im Schwedischen außerdem vor dem Objekt des Satzes. Vergleichen Sie: *Vi såg* inte *den lilla bilen* / Wir sahen das kleine Auto nicht. Übereinstimmung besteht hier nur bei Verwendung eines Pronomens: *Han såg den* inte / Er sah es nicht.
Das Deutsche hat oft Endstellung der Verneinung, wo im Schwedischen andere Satzglieder das Satzende bilden. Vergleichen Sie:
De jobbar inte *på måndagarna* / Sie arbeiten montags nicht.
Jag vet inte *det* / Ich weiß das nicht.
Die schwedische Regel, wonach die Verneinung im Nebensatz vor dem Verb bzw. Prädikatsblock steht, findet im Deutschen scheinbar eine Entsprechung, wenn keine Ergänzungen vorhanden sind. Vergleichen Sie: *... att han* inte *kommer* / *... daß er* nicht kommt. Hier macht sich im Deutschen jedoch die Regel geltend, daß das Verb im Nebensatz am Ende steht.
Vergleichen Sie auch:
Han tycker inte *det* / Er findet **das** nicht.
Lova att inte *störa pappa* / Versprich, Papa nicht zu stören.

Stellung des Adverbs

Das Adverb steht im Hauptsatz hinter dem Verb, zu dem es gehört. Beispiele: *Vi äter* **snart** (Wir essen bald), *Han sitter* **där** (Er sitzt dort).
Mehrteiliges Prädikat: Einige Zeitadverbien (vor allem *ibland, redan* und *snart*) können sowohl zwischen dem Hilfsverb (bzw. Modalverb) und dem infiniten Verb (Supinum, Infinitiv), als auch hinter dem Supinum oder Infinitiv stehen. Beispiele: *De har* **redan** *kommit = De har kommit* **redan** (Sie sind schon gekommen), *Jag måste* **snart** *gå = Jag måste gå* **snart** *gå* (Ich muß bald gehen). Beachten Sie: **aldrig** / nie steht (wie inte / nicht), immer zwischen Hilfsverb (Modalverb) und infinitem Verb: *Vi har* **aldrig** *träffats* (Wir haben uns nie getroffen).
Lokaladverbien stehen hinter dem Supinum bzw. Infinitiv. Beispiel: *Eva har varit* **här** (Eva ist hier gewesen).
Die sog. „wandernden Adverbien" (vergleichen sie unten!) stehen gewöhnlich zwischen den Prädikatsteilen. Beispiel: *De har* **säkert** *ringt flera gånger* (Sie haben sicher mehrmals angerufen). Ausnahmen gibt es bei den Zeitadverbien (Beispiele oben).

Die sogenannten „**wandernden Adverbien**" rücken im Nebensatz vor das Verb (bzw. vor das Hilfs- oder Modalverb.) Beispiele:

Hauptsatz	Nebensatz
Han är **sällan** *hemma*	*Jag vet att han* **sällan** *är hemma*
(Er ist selten zu Haus)	(Ich weiß, daß er selten zu Haus ist)

101

Han har **sällan** *varit hemma*
(Er ist selten zu Haus gewesen)
Du får **gärna** *stanna här*
(Du kannst gern hierbleiben)

Jag vet att han **sällan** *har varit hemma*
(Ich weiß, daß er selten zu Haus gewesen ist)
Han säger att du **gärna** *får stanna här*
(Er sagt, daß du gern hierbleiben kannst).

Häufig vorkommende „wandernde Adverbien":

aldrig nie	*naturligtvis* natürlich
alltid immer	*nog* wohl
alltså also	*också* auch
bara nur	*ofta* oft
egentligen eigentlich	*säkert* sicher
faktiskt praktisch	*sällan* selten
förmodligen vermutlich	*slutligen* schließlich
gärna gern	*troligtvis* vermutlich
ibland manchmal	*tyrrär* leider
ju ja	*vanligtvis* gewöhnlich
kanske vielleicht	*verkligen* wirklich
knappast kaum	*även* auch
möjligtvis möglicherweise	

> **⑤⑩** Im Deutschen steht bei mehrteiligem Prädikat das Hauptverb (Infinitiv oder Perfekt-
> partizip) bzw. das Modalverb (Infinitiv) am Ende des Satzfeldes, so daß diese Stelle
> nicht – wie im Schwedischen – vom Adverb eingenommen werden kann. Vergleichen
> Sie: *Jag har* **ätit redan** / Ich habe **schon** gegessen.

Stellung des Objekts

Das Objekt steht in der Regel hinter dem Verb bzw. hinter dem Prädikats„block"
(Vergleichen Sie oben). Beispiele: *Vi besökte* **honom** (Wir besuchten ihn), *Han
ringde* **mig** *i går* (Er rief mich gestern an), *Jag vill träffa* **dig** (Ich will dich treffen),
Vi har köpt **en liten båt** *i Stockholm* (Wir haben in Stockholm ein kleines Boot
gekauft). Bei Inversion steht das Objekt hinter dem Subjekt bzw. hinter dem infini-
ten Verb: *Känner herr Svensson* **honom**? (Kennt ihn Herr Svensson?), *Har Agneta
träffat* **honom**? (Hat ihn Agneta getroffen?).
Ein hinzukommendes „wanderndes" Adverb schiebt sich zwischen Verb und
Objekt, wenn dieses nicht durch ein Pronomen vertreten ist. Beispiel: *Hon köper*
alltid *en damtidning* (Sie kauft immer eine Hausfrauenillustrierte). Vergleichen
Sie aber: *Hon köper den* **alltid** (Sie kauft sie immer) – das Objekt ist hier durch ein
Pronomen vertreten. (Nebensatz:) In beiden Beispielen erscheint das Adverb **vor**
dem Verb (→ Stellung des Adverbs).
Das Adverb steht sonst gewöhnlich hinter dem Objekt, auch im Nebensatz. Bei-
spiele: *Vi öppnade dörren* **mycket försiktigt** (Wir öffneten die Tür sehr vorsich-
tig), *Jag skjutsade Mia och barnen* **dit** (Ich fuhr Mia und die Kinder hin).

Im Deutschen können zwischen Verb und Objekt Ergänzungen stehen. Vergleichen Sie: *Vi köpte en liten båt* i **Stockholm** / Wir kauften in **Stockholm** ein kleines Boot. Da im Deutschen bei mehrteiligem Prädikat die infiniten Prädikatsteile (Perfektpartizip, Infinitiv) an das Ende des Satzfeldes rücken (vergleichen Sie oben), kann das Objekt diese Position nicht einnehmen. Vergleichen Sie: *Vi har inte träffat* **honom** / Wir haben **ihn** nicht getroffen.
Bei Inversion erscheint das Objekt im Deutschen gewöhnlich gleich hinter dem Verb, sofern es ein Pronomen ist und sofern das Subjekt seinerseits nicht durch ein Pronomen vertreten ist. Im Schwedischen gilt diese Regel nicht. Vergleichen Sie: *Träffar herr Svensson* **honom**? / *Trifft* **ihn** *Herr S.?* – *I morgon träffar herr Svensson* **henne** / *Morgen trifft* **sie** *Herr S.*
Übereinstimmung besteht, wenn sowohl das Subjekt als auch das Objekt durch ein Pronomen vertreten sind: *Träffar han* **henne**? / *Trifft er* **sie**?, *I morgon träffar. han* **henne** / *Morgen trifft er* **sie.**
Beachten Sie auch folgenden Unterschied im Nebensatz: ... *att herr Svensson träffar* **honom** / ... daß **ihn** Herr Svensson trifft.

Zwei Objekte

Hat ein Verb zwei Objekte, so steht das Objekt, das vom Standpunkt des Deutschen Dativobjekt ist, vor dem Akkusativobjekt. Beispiele: *Han ger* **sin fru** *en bukett blommor* (Er gibt **seiner Frau** einen Blumenstrauß), *Han ger* **henne** *den* (Er gibt ihn **ihr**).

Wenn das Dativobjekt aus einem Pronomen besteht, rückt im Deutschen das Akkusativobjekt vor das Dativobjekt. Vergleichen Sie: *Han ger henne* **den** / *Er gibt* **ihn** *ihr.*

Ortsbestimmung vor Zeitbestimmung

Im Schwedischen steht die Ortsbestimmung gewöhnlich vor der Zeitbestimmung. Beispiel: *Jag ska åka* **till Stockholm** *i kväll* (Ich werde heute abend **nach Stockholm** fahren).

Im Deutschen gilt die umgekehrte Regel: Die Ortsbestimmung steht nach der Zeitbestimmung (Vergleichen Sie das Beispiel oben!).

Stellung des Reflexivpronomens

Das Reflexivpronomen steht gewöhnlich hinter dem Verb, zu dem es gehört: *Pär rakar* **sig** *sällan* (Pär rasiert sich selten). Bei Inversion steht es hinter dem Subjekt: *Rakar herr Svensson* **sig**? (Rasiert sich Herr Svensson?). Es kann aber auch davor stehen, sofern das Subjekt nicht durch ein Pronomen vertreten ist. Beispiel: *Rakar*

sig *herr Svensson?* Andernfalls muß es heißen: *Rakar han* **sig**? (Rasiert er sich?) Im Nebensatz steht das Reflexivpronomen hinter dem Verb: ... *att han rakar* **sig** (... daß er **sich** rasiert).

Im Nebensatz ist die Stellung des Reflexivpronomens grundsätzlich verschieden. Vergleichen Sie: ... *att han rakar* **sig** / ... daß er **sich** rasiert, ... *att herr Svensson rakar* **sig** / ... daß **sich** Herr Svensson rasiert.

XII. Anhang

Beispiele für den Gebrauch der Präpositionen

S D **av**
(unbetont:) **an** *till minne av* / zur Erinnerung an, *intresserad av* / interessiert an, *dö av* / sterben an, *lida av* / leiden an. **aus** *av misstag* / aus Versehen, *av trä* / aus Holz, *bestå av* / bestehen aus. **nach** *att döma av* / nach … zu urteilen. **von** *(en pjäs) av Strindberg* / (ein Stück) von Strindberg, *till följd av* / infolge von, *resultatet av* / das Ergebnis von, *ett porträtt av* / ein Porträt von, *hälften av* / die Hälfte von, *i skuggan av* / im Schatten von, *kvar av* / übrig von, *kräva av* / fordern von, *vimla av* / wimmeln von, *ta avsked av* / Abschied nehmen von, *av sig själv* / von selbst. **vor** *av glädje* / vor Freude.
(betont:) *gå av* / aussteigen, abgehen, *bli av* / loswerden, *ta av* / einbiegen, abzweigen, *ta av (sig)* / (sich) ausziehen, *slå av* / abschlagen, ausschalten, *bryta av* / abbrechen, *koppla av* / entspannen, *smitta av sig* / anstecken, *hålla av* / mögen, *klä av (sig)* / (sich) ausziehen.

bakom
(unbetont:) **hinter** *bakom huset* / hinter dem Haus, *bakom orden* / hinter den Worten.
(betont:) *stå bakom* / hinter … stehen, *ligga bakom* / dahinterstecken, *lämna bakom sig* / hinter sich lassen.

bland
(unbetont:) **an** *fördela bland* / verteilen an. **unter (zwischen)** *bland gamla tidningar* / unter (zwischen) alten Zeitungen, *bland vänner* / unter Freunden, *bland annat* (abgekürzt bl. a.) / unter anderem.

bredvid
(unbetont:) **neben** *bredvid skolan* / neben der Schule, *bredvid Olle* / neben Olle.
(betont:) *flickan bredvid* / das Mädchen daneben, *sitta bredvid* / danebensitzen.

efter
(unbetont:) **hinter (hinter … her)** *efter guiden* / hinter dem Führer her, *en efter en* / einer hinter (nach) dem anderen. **nach** *efter kl 5* / nach 5, *efter semestern* / nach dem Urlaub, *efter behag* / nach Belieben, *efter förtjänst* / nach Verdienst, *efter varandra* / nacheinander, *efter idrottsplatsen (kommer en bensinstation)* / nach dem Sportplatz (kommt eine Tankstelle; Wegbeschreibung), *fråga efter* / fragen nach, *leta efter* / suchen nach, *längta efter* / sich sehnen nach, *rätta sig efter* / sich richten nach. **von** *såret efter (ett knivhugg)* / die Wunde von (einem Messerstich). **von … zu** *tid efter annan* / von Zeit zu Zeit, *år efter år* / von Jahr zu Jahr.
(betont:) *gå efter* / nachgehen (Uhr!), *dagen efter* / der Tag danach, *göra efter* / nachmachen, *se efter* / nachsehen, nach … sehen.

framför
(unbetont:) **vor** *framför skolan* / vor der Schule, *framför Eva* / vor Eva, *framför allt* / vor allem. **vor … her** bära *framför* … / vor … hertragen.
(betont:) *skjuta framför sig* / vor sich herschieben.

105

från

(unbetont:) **aus** *från Stockholm* / aus Stockholm (Herkunft), *från 1500-talet* / aus dem 16. Jahrhundert, *från nära håll* / aus der Nähe, *från luften* / aus der Luft, *från en synvinkel* / aus einem Blickwinkel. **auf** *avstå från* / verzichten auf. **mit** *skona från* / verschonen mit. **von** *från Sverige* (Richtung) / von Schweden, *en gåva från* / eine Gabe von, *ett brev från* / ein Brief von, *hemifrån* / von zu Hause, *från och med* (abgekürzt fr. o. m.). / von (einschließlich), *hälsa från* / grüßen von, *befria från* / befreien von, *avvika från* / abweichen von, *skilja sig från* / sich unterscheiden von, *bortse från* / absehen von, *dra sig tillbaka från* / sich zurückziehen von. **von ... an** *från början* / von Anfang an. **von ... auf** *från grunden* / von Grund auf.
(betont:) *gå ifrån* / abweichen, alleinlassen, *säga ifrån* / Bescheid sagen, *vara från sig* / außer sich sein.

för

(unbetont:) **an** *intresset för* / das Interesse an, *ta sig för pannan* / sich an die Stirn greifen. **bei** *läsa för* / bei ... Unterricht haben. **für** *trygghet för alla* / Sicherheit für alle, *tack för maten* / Dankeschön für das Essen, *förståelse för* / Verständnis für, *stor för sin ålder* / groß für sein Alter, *för att vara svensk (talar han bra tyska)* / für einen Schweden (spricht er gut deutsch), *slut för idag* / Schluß für heute, *typiskt för* / typisch für, *känd för* / bekannt für, *kämpa för* / kämpfen für, *intressera sig för* / sich interessieren für, *prisbelöna för* / mit einem Preis auszeichnen für. **mit** *tvätta för hand* / mit der Hand waschen. **um** *för allt i världen* / um alles in der Welt, *kampen för tillvaron* / der Kampf ums Dasein. **von** *i stället för* / anstelle von. **vor** *vara rädd för* / Angst haben vor, *akta sig för* / sich in acht nehmen vor, *varna för* / warnen vor, *buga sig för* / sich vor ... verbeugen, *hålla handen för munnen* / die Hand vor den Mund halten, *ha för ögon* / vor Augen haben. **wegen** *skämmas för* / sich schämen wegen, *vårdas för* / in Behandlung sein wegen, *ledsen för* / traurig wegen. **zu** *för första gången* / zum ersten Mal, *ha för vana* / zur Gewohnheit haben.
(betont:) *dra för gardinerna* / die Vorhänge zuziehen, *ta sig för* / anfangen, unternehmen, *ta för sig* / sich etwas nehmen, sich selbst bedienen, *kryssa för* / ankreuzen.

för ... sedan

(unbetont:) **vor** *för två år sedan* / vor zwei Jahren, *för en stund sedan* / vor einer Weile.

för ... skull

(unbetont:) **um** *för guds skull* / um Gottes willen. **wegen** *för pengarnas skull* / wegen des Geldes, *för din skull* / deinetwegen.

före

(unbetont:) **vor** *före maten*[15] / vor dem Essen, *gå upp före kl 6* / vor 6 aufstehen.
(betont:) *gå före* / vorgehen (auch Uhr!), vorangehen, *hinna före* / zuvorkommen.

genom

(unbetont:) **durch** *genom rummet* / durch das Zimmer, *genom Sverige* / durch Schweden, *genom en mäklare* / durch einen Makler. **zu** *ut genom dörren* / zur Tür hinaus.
(betont:) *hela natten igenom* / die ganze Nacht hindurch, *gå igenom* / durchmachen, durchnehmen, *slå igenom* / durchschlagen (Erfolg haben).

---

15 *innan* wird in der Umgangssprache häufig anstelle von *före* verwendet, obwohl es sich dabei um eine Konjunktion handelt.

hos

(unbetont:) **bei** *hos grannarna* / bei den Nachbarn, *hos doktorn* / beim Doktor (Arzt), *leva hos* / leben bei, *stanna hos* / bleiben bei. **zu** *sätta sig hos* / sich setzen zu.

i

(unbetont:) **an** *i handen* / an der Hand, *darra i hela kroppen* / am ganzen Körper zittern, *i kiosken* / am Kiosk, *i början* / am Anfang, *1000 kronor i hyra* / 1000 Kronen (an) Miete, *i kassan* / an der Kasse, *i taket* / an der Decke, *i helgen* / am Wochenende, *i hörnet* / an der Ecke, *i stället för* / anstelle von, *gå iland* / an Land gehen, *dra i håret* / an den Haaren ziehen, *dö i* / sterben an (einer Krankheit), *delta i* / teilnehmen an. **auf** *klättra upp i trädet* / auf den Baum klettern, *tokig i* / verrückt auf, *strunta i* / pfeifen auf, *slå i huvudet* / auf den Kopf hauen, *i längden* / auf die Dauer, *i knät* / auf dem Schoß. **aus** *i brist på* / aus Mangel an. **bei** *i det här vädret* / bei diesem Wetter. **in** *i Stockholm* / in Stockholm, *i huset* / im Haus, *i affären* / im Geschäft, *i butiken* / in der Boutique, *i bokhandeln* / in der Buchhandlung, *i första halvlek* / in der ersten Halbzeit, *i skolan* / in der Schule, *gå i skolan* / in die Schule gehen, *i kyrkan* / in der Kirche, *gå i kyrkan* / in die Kirche gehen, *i januari* / im Januar, *en gång i månaden (veckan, timmen)* / (einmal) im Monat (in der Woche, in der Stunde), *mitt i sommaren* / mitten im Sommer, *mitt i natten* / mitten in der Nacht, *i jämförelse med* / im Vergleich zu, *i motsats till* / im Gegensatz zu, *i regel* / in der Regel, *i förhållande till* / im Verhältnis zu, *i princip* / im Prinzip, *i förväg* / im voraus, *i lugn och ro* / in aller Ruhe, *kär i* / verliebt in, *bestå i* / bestehen in, *brista i skratt* / in Lachen ausbrechen, *fördjupa sig i* / sich vertiefen in, *försätta i* / versetzen in, *råka i* / geraten in, *råka i glömska* / in Vergessenheit geraten, *lämna i sticket* / im Stich lassen, *hoppa i vattnet* / ins Wasser springen, *resultera i* / resultieren in. **vor** *fem i sju* / fünf vor sieben.
(betont:) *ta i* / zugreifen, anpacken, *slå i* / einschenken, *hålla i sig* / anhalten, dauern, *hoppa i* / hineinspringen, *fylla i* / ausfüllen, *hålla i* / festhalten.

inför

(unbetont:) **angesichts** *inför svårigheterna* / angesichts der Schwierigkeiten. **vor (gegenüber)** *ställd inför uppgiften* / vor die Aufgabe gestellt, *inför publiken* / vor (gegenüber) dem Publikum, *inför gud* / vor Gott, *inför resan* / vor der Reise.

inom

(unbetont:) **binnen (innerhalb von)** *inom tre dagar* / binnen drei Tagen, *inom rikets gränser* / innerhalb der Reichsgrenzen, *inom kort* / binnen kurzem. **hinter** *inom lås och bom* / hinter Schloß und Riegel. **in** *inom synhåll* / in Sichtweite, *inom loppet av* / im Laufe von, *inom branschen* / in der Branche.

intill

(unbetont:) **(gleich) daneben** *intill kyrkan* / gleich neben der Kirche. **bis in (auf)** *intill döden* / bis in den Tod, *intill vår tid* / bis auf unsere Zeit, *(in)till dess* / bis dahin. (betont:) *huset intill* / das Haus daneben, *stå intill* / danebenstehen.

med

(unbetont:) **an** *det intressanta med* / das Interessante an. **bei** *med bästa vilja* / beim besten Willen. **mit** *med bil (flyg, båt, tåg)* / mit dem Auto (Flugzeug, Schiff, Zug), *med hela familjen* / mit der ganzen Familie, *med barn och blomma* / mit Kind und Kegel, *kaffe med grädde* / Kaffee mit Sahne, *med undantag av* / mit Ausnahme von, *tålamod med* / Geduld mit, *fullt med* / voll mit, *med flit* / mit Fleiß, *med största nöje* / mit größtem Vergnügen, *släkt med* / verwandt mit, *i förening med* / in Verbindung mit, *förlova sig*

med / sich verloben mit, *prata med* / sprechen mit, *ha att göra med* / zu tun haben mit, *blanda med* / mischen mit, *vänta med* / warten mit, *förväxla med* / verwechseln mit, *jämföra med* / vergleichen mit, *syssla med* / sich beschäftigen mit, *vifta med* / winken (wedeln) mit, *skryta med* / angeben mit. **um** *öka med* / zunehmen um. **zu** *parallellt med* / parallel zu.
(betont:) *gå med* / mitgehen, *hänga med* / mithalten, -kommen, *vara med* / dabeisein, *vad är det med dig?* / was ist mit dir los?, *han med* / er auch.

mellan
(unbetont:) **unter** *mellan fyra ögon* / unter vier Augen, *oss emellan* / unter uns. **von ... auf** *natten mellan söndag och måndag* / die Nacht von Sonntag auf Montag. **von ... bis** *mellan tio och tolv* / von zehn bis zwölf. **zwischen** *mellan Stockholm och Uppsala* / zwischen Stockholm und Uppsala, *mellan köket och vardagsrummet* / zwischen Küche und Wohnzimmer, *mellan helgerna* / zwischen den Feiertagen, *mellan kl 7 och 8* / zwischen 7 und 8 Uhr, *mellan 100 och 200 kronor* / zwischen 100 und 200 Kronen, *sambandet mellan* / der Zusammenhang zwischen, *kontakten mellan* / der Kontakt zwischen, *skillnaden mellan* / der Unterschied zwischen, *välja mellan* / wählen zwischen, *medla mellan* / vermitteln zwischen.
(betont:) *gå emellan* / dazwischentreten, eingreifen, *komma emellan* / dazwischenkommen.

mot
(unbetont:) **auf** *(fönstret) vetter mot trädgården* / (das Fenster) geht auf den Garten, *i riktning mot fjällen* / in Richtung auf die Berge (in Richtung Berge). **auf ... zu** *det lider mot* / es geht auf ... zu, *komma mot* / auf ... zukommen. **gegen** *ett medel mot* / ein Mittel gegen, *kampen mot* / der Kampf gegen, *mot en ringa lön* / gegen ein geringes Entgelt, *mot kvällen* / gegen Abend, *mot slutet* / gegen Schluß, *byta mot* / tauschen gegen, *försvara sig mot* / sich verteidigen gegen, *luta sig mot* / sich lehnen gegen, *protestera mot* / protestieren gegen, *vaccinera mot* / impfen gegen, *avteckna sig mot* / sich abheben gegen. **vor** *mot bakgrund av* / vor dem Hintergrund von. **wider** *mot all förväntan* / wider alle Erwartung. **zu** *vänlig mot* / freundlich zu, *snäll mot* / nett zu, *sträng mot* / streng zu.
(betont:) *säga emot* / widersprechen, *hålla emot* / standhalten, entgegenhalten, *ta emot* / entgegennehmen, *det tar emot* / es widerstrebt einem.

om
(unbetont:) **an** *om dagen* (= på dagen) / am Tag, *fem gånger om dagen* / fünfmal am Tag, *påminna om* / erinnern an. **in** *om två timmar* / in zwei Stunden, *om natten* (= på natten) / in der Nacht, *fem gånger om året* / fünfmal im Jahr. **nach** *höra sig för om* / sich erkundigen nach. **über** *en bok om* / ein Buch über, *ett program om* / ein Programm über, *tala om* / sprechen über, *skriva om* / schreiben über, *enas om* / sich einigen über. **um** *falla om halsen* / um den Hals fallen, *be om* / bitten um, *bry sig om* / sich kümmern um, *ansöka om* / sich bewerben um, *slå vad om* / wetten um, *ta hand om* / sich kümmern um, versorgen, *vara rädd om* / besorgt sein um. **von** *norr om* / nördlich von, *till höger om* / rechts von, *handla om* / handeln von, *berätta om* / erzählen von, *drömma om* / träumen von, *tycka om* / halten von, *veta om* / wissen von, *ta notis om* / Notiz nehmen von, *slåss om* / kämpfen (sich prügeln) um, *övertyga om* / überzeugen von.
(betont:) *klä om (sig)* / sich umziehen, *göra om* / wiederholen, *köra om* / überholen, *skriva om* / umschreiben, neu schreiben, *tycka om* / mögen, *tala om (för)* / (jemandem) erzählen, sagen.

omkring, kring

(unbetont:) **um (um ... herum)** *omkring (kring) majstången* / um den Maibaum herum, *dansa omkring (kring) julgranen* / um den Weihnachtsbaum herumtanzen, *människorna kring kungen* / die Menschen um den König, *omkring 1000* / um 1000 (herum).

(betont:) *gå omkring* / herumgehen, *runt omkring* / rings umher.

på

(unbetont:) **an** *på universitetet* / an (auf) der Universität, *på gymnasiet* / am (auf dem) Gymnasium, *på väggen* / an der Wand, *på kvällen* / am Abend, *på julen* / an Weihnachten, *på fredag* / am Freitag, *mitt på dagen* / mitten am Tag, *brist på* / Mangel an, *överskott på* / Überschuß an, *mordet på* / der Mord an, *tron på* / der Glaube an, *lukta på* / riechen an, *tjäna på* / verdienen an, *tro på* / glauben an, *tänka på* / denken an, *spara in på* / sparen an, *arbeta på* / arbeiten an, *skriva på* / schreiben an (einem Brief z. B.), *släpa på* / schleppen an.   **auf** *på Gotland* / auf Gotland, *på landet* / auf dem Land, *på konferensen* / auf der Konferenz, *på resa* / auf Reisen, *på banken* / auf der Bank, *på posten* / auf der Post, *på begäran* / auf Wunsch, *på grund av* / auf Grund von, *på initiativ av* / auf Initiative von, *göra anspråk på* / Anspruch erheben auf, *på avbetalning* / auf Abzahlung, *på inga villkor* / auf gar keinen Fall, *på svenska* / auf schwedisch, *arg på* / böse auf, *avundsjuk på* / eifersüchtig auf, *nyfiken på* / neugierig auf, *grunda sig på* / sich gründen auf, *bero på* / beruhen auf, *ge tillbaka på* / herausgeben auf, *hoppas på* / hoffen auf, *lita på* / sich verlassen auf, *svara på* / antworten auf, *skjuta på* / schießen auf, *vänta på* / warten auf.   **aus** *på förekommen anledning* / aus gegebenem Anlaß.   **für** *ett exempel på* / ein Beispiel für, *en bekräftelse på* / eine Bestätigung für.   **in** *äta på restaurang* / im Restaurant essen, *gå på restaurang* / ins R. gehen, *på teatern* / im (ins) Theater, *på bio* / im (ins) Kino, *på varuhus(et)* / im Warenhaus, *på studenthem(met)* / im Studentenheim, *på kontoret* / im Büro, *på sjukhus* / im Krankenhaus, *på apoteket* / in der Apotheke, *på rummet* / im (auf dem) Zimmer, *på semester* / im Urlaub, *på 1600-talet* / im 17. Jahrhundert, *på natten* / in der Nacht, *på sommaren* / im Sommer, *på längden* / in der Länge, *bo på -gatan* / in der -straße wohnen, *jaga på flykten* / in die Flucht schlagen.   **mit** *en lägenhet på fyra rum* / eine Wohnung mit vier Zimmern, *det är slut på* / es ist Schluß mit, *vifta på svansen* / mit dem Schwanz wedeln, *seit inte på två år* / seit zwei Jahren nicht.   **über** *doktorera på* / promovieren über, *klaga på (över)* / klagen über.   **um** *lura på* / betrügen um.   **von** *en befolkning på 8 miljoner* / eine Bevölkerung von 8 Millionen, *en hyra på* / eine Miete (in Höhe) von, *en son på 10 år* / ein Sohn von 10 Jahren, *början på* / der Anfang von, *slutet på* / das Ende von, *på långt håll* / von weitem, *leva på* / leben von, *livnära sig på* / sich ernähren von.   **zu** *bjuda på* / einladen zu, *på den tiden* / zu der Zeit, *på skoj* / zum Spaß.

(betont:) *bättra på* / verbessern, ausbessern, *hälsa på* / besuchen, *hålla på med* / beschäftigt sein mit, *höra på* / zuhören, *komma på* / draufkommen, *läsa på* / Aufgaben lernen, sich vorbereiten, *passa på* / die Gelegenheit wahrnehmen, *skjuta på* / schieben, *skriva på* / unterschreiben, *sätta på* / aufsetzen (z. B. Wasser, Hut), *skynda på* / sich beeilen, *klä på (sig)* / (sich) anziehen.

runt

(unbetont:) **um (um ... herum)** *runt majstången* / um den Maibaum (herum), *runt hörnet* / um die Ecke, (nachgestellte Präposition:) *Jorden runt på 80 dagar* / um die Erde in 80 Tagen.

(betont:) *slå runt* / sich überschlagen, *resa runt* herumreisen, *skicka runt* / herumgeben, -schicken, *visa runt* / herumführen.

sedan

(unbetont:) **seit** *sedan ett år (tillbaka)* / seit einem Jahr, *sedan i julas* / seit Weihnachten, *sedan länge* / seit langem, *sedan dess* / seitdem.

till

(unbetont:) **an** *ett brev till* / ein Brief an, *skuld till* / schuld an, *gränsa till* / grenzen an, *skriva till* / schreiben an, *skicka till* / schicken an, *vända sig till* / sich wenden an.   **auf** *hänvisa till* / hinweisen auf, *spara till* / sparen auf.   **bis auf** *till sista öret* / bis auf den letzten Pfennig, *till sista man* / bis auf den letzten Mann.   **bis** *till i morgon* / bis morgen, *till på söndag* / bis Sonntag, *till och med* (abgekürzt *t. o. m.*) / bis (einschließlich).   **für** *en present till* / ein Geschenk für, *läxan till i dag* / die Hausaufgabe für heute, *samla till* / sammeln für.   **in** *översätta till* / übersetzen in, *byta till* / umsteigen in, *förvandla till* / verwandeln in, *till våren* / im Frühjahr.   **mit** *koppla till* / verbinden mit.   **nach** *till Uppsala* / nach Uppsala, *till Italien* / nach Italien, *flytta till* / umziehen nach, *längta till* / sich sehnen nach, *söka till* / sich bewerben nach.   **um** *till varje pris* / um jeden Preis.   **von** *till yrket* / von Beruf, *vän till* / Freund von, *fiende till* / Feind von, *dotter till* / Tochter von, *efterträdare till* / Nachfolger von.   **zu** *till posten* / zur Post, *till påsk(en)* / zu Ostern, *in till* / hinein zu, *till någons glädje* / zur Freude von jemandem, *till efterrätt* / zum Nachtisch, *till slut* / zum Schluß, *ett alternativ till* / eine Alternative zu, *en anledning till* / ein Anlaß zu, *en parallell till* / eine Parallele zu, *en inställning till* / eine Einstellung zu, *till påseende* / zur Ansicht, *till nackdel* / zum Nachteil, *till fots* / zu Fuß, *till sängs* / zu Bett, *gratulera till* / gratulieren zu, *anmäla till* / anmelden zu, *döma till* / verurteilen zu, *utbilda till* / ausbilden zu, *övertala till* / überreden zu, *anmäla till* / anmelden zu, *utnämna till* / ernennen zu, *höra till* / gehören zu, *använda till* / verwenden zu.
(betont:) *skratta till* / auflachen, *skrika till* / aufschreien, *känna till* / kennen (vergleichen Sie *känna* / persönlich kennen), *lycka till!* / viel Glück!, *bli till* / entstehen.

trots

(unbetont:) **trotz** *trots regnet* / trotz des Regens, *trots allt* / trotz allem.

under

(unbetont:) **in** *under behandling* / in Behandlung, *under rasten* / in der Pause, *under natten* / in der Nacht, die Nacht über.   **über** *under dagen* / tagsüber, *under helgen* / über die Feiertage (über das Wochenende).   **unter** *under bordet* / unter dem Tisch, *under bar himmel* / unter freiem Himmel, *barn under 5 år* / Kinder unter 5 Jahren, *under allmän tystnad* / unter allgemeinem Schweigen, *under kontroll* / unter Kontrolle, *under hans regering* / unter seiner Regierung, *under dess* / unterdessen, *under förutsättning att* / unter der Voraussetzung, daß, *under alla omständigheter* / unter allen Umständen, *under namnet* / unter dem Namen, *under tårar* / unter Tränen.   **während** *under semestern* / während der Ferien, *under kriget* / während des Krieges, *under tiden* / währenddessen.
(betont:) *gå under* / untergehen, *ligga under* / unterlegen sein, dahinterstecken, *skriva under* / unterschreiben.

ur

(unbetont:) **aus (aus ... heraus)** *ur djupet* / aus der Tiefe, *ur skogen* / aus dem Wald, *stiga ur bilen* / aus dem Auto aussteigen, *dricka ur flaskan* / aus der Flasche trinken.   **von** *ur en synpunkt* / von einem Blickpunkt.   **außer** *ur funktion* / außer Funktion, *ur drift* / außer Betrieb, *ur form* / außer (aus der) Form.
(betont:) *spåra ur* / entgleisen, *dricka ur* / austrinken.

utan

(unbetont:) **ohne** *utan bil* / ohne Auto, *kaffe utan grädde* / Kaffee ohne Sahne, *utan like* / ohnesgleichen, *utan vidare* / ohne weiteres.
(betont:) *bli utan* / leer ausgehen.

utmed

(unbetont:) **entlang** *utmed vägen* / den Weg entlang, entlang des Weges, *utmed kusten* / entlang der Küste, *promenera utmed (stadsmuren)* / einen Spaziergang entlang (der Stadtmauer) machen.

utom, förutom

(unbetont:) **außer** *alla utom en* / alle außer einem (bis auf einen), *de nordiska länderna utom Finland* / die nordischen Länder außer Finnland, *Förutom Sven kom Lena och hennes föräldrar* / Außer Sven kamen Lena und ihre Eltern, *utom fara* / außer Gefahr, *utom räckhåll* / außer Reichweite, *utom synhåll* / außer Sicht.
(betont:) *utom sig* / außer sich.

vid

(unbetont:) **an** *(sitta) vid bordet* / am Tisch (sitzen), *vid universitetet* / an der Universität, *vid torget* / am Marktplatz, *vid – vägen* / am – weg, *vid liv* / am Leben, *sida vid sida* / Seite an Seite, *van vid* / gewöhnt an, *vara fäst vid* / hängen an, *vänja sig vid* / sich gewöhnen an. **bei** *vid behov* / bei Bedarf, *vid god hälsa* / bei guter Gesundheit, *vid tillfälle* / bei Gelegenheit, *vid vite* / bei Strafe. **in** *vid 40-års ålder* / im Alter von 40 Jahren. **um** *vid midnatt* / um Mitternacht, *vid middagstid* / um die Mittagszeit. **um ... herum** *vid femtiden* / um fünf herum. **zu** *vid samma tid* / zur gleichen Zeit, *vid tiden för 30-åriga kriget* / zur Zeit des 30jährigen Krieges, *vid det här laget* / zum gegenwärtigen Zeitpunkt, *vid hennes fötter* / zu ihren Füßen.
(betont:) *ta vid* / beginnen, *kännas vid* / anerkennen, wiedererkennen.

åt

(unbetont:) **an** *ryta åt* / anbrüllen, *skrika åt* / anschreien. **auf** *fem åt gången* / fünf auf einmal, *fönstret vetter åt* / das Fenster geht auf ... **für** *åt mormor* / für Großmutter, *arbeta åt* / arbeiten für. **in** *åt det hållet* / in diese Richtung. **nach** *åt vänster* / nach links, *åt söder* / nach (gen) Süden. **über** *skratta åt* / lachen über, *vara glad åt* / froh sein über. **-wärts** *åt sidan* / seitwärts, *hemåt* / heimwärts, nach Hause, *framåt* / vorwärts.
(betont:) *gå åt* / draufgehen, aufgebraucht werden, *bära sig åt* / sich benehmen, *komma åt* / drankommen, an ... gelangen, *sitta åt* / anliegen (Kleidung!), *dra åt* / zuziehen, enger schnallen.

över

(unbetont:) **auf** *utsikten över* / die Aussicht auf. **nach** *fem över sju* / fünf nach sieben. **über** *över bron* / über die Brücke (über der Brücke), *över bordet* / über dem Tisch, *herre över* / Herr über, *kontroll över* / Kontrolle über, *förteckning över* / Verzeichnis über, *över natten* / über Nacht, *3 veckor över tiden* / drei Wochen über die Zeit, *över vintern* / über den Winter, *gå över gatan* / über die Straße gehen, *resa över* / reisen über (= via), *härska över* / herrschen über. **von** *en karta över Stockholm* / eine Karte von Stockholm.
(betont:) *hoppa över* / überspringen, *ha över* / übrig haben, *stå över* / aussetzen, *ligga över* / übernachten, *gå över* / vorbeigehen, *stryka över* / durchstreichen.

2. Starkes Verb

Gegenüberstellung einiger verwandter Ablautreihen

binda – band – bundit	binden – band – gebunden
bita – bet – bitit	beißen – biß – gebissen
brinna – brann – brunnit	brennen – brannte – gebrannt
dricka – drack – druckit	trinken – trank – getrunken
driva – drev – drivit	treiben – trieb – getrieben
falla – föll – fallit	fallen – fiel – gefallen
fara – for – farit	fahren – fuhr – gefahren
finna – fann – funnit	finden – fand – gefunden
flyga – flög – flugit	fliegen – flog – geflogen
försvinna – försvann – försvunnit	verschwinden – verschwand – verschwunden
glida – gled – glidit	gleiten – glitt – geglitten
gripa – grep – gripit	greifen – griff – gegriffen
gå – gick – gått	gehen – ging – gegangen
heta – hette – hetat	heißen – hieß – geheißen
hålla – höll – hållit	halten – hielt – gehalten
komma – kom – kommit	kommen – kam – gekommen
lida – led – lidit	leiden – litt – gelitten
ligga – låg – legat	liegen – lag – gelegen
rida – red – ridit	reiten – ritt – geritten
rinna – rann – runnit	rinnen – rann – geronnen
se – såg – sett	sehen – sah – gesehen
simma – sam – summit	schwimmen – schwamm – geschwommen
(auch schwach!)	
sitta – satt – suttit	sitzen – saß – gesessen
skina – sken – skinit	scheinen – schien – geschienen
skjuta – sköt – skjutit	schießen – schoß – geschossen
skriva – skrev – skrivit	schreiben – schrieb – geschrieben
slå – slog – slagit	schlagen – schlug – geschlagen
springa – sprang – sprungit	(= laufen – lief – gelaufen)
	springen – sprang – gesprungen
stiga – steg – stigit	steigen – stieg – gestiegen
strida – stred – stridit	streiten – stritt – gestritten
stå – stod – stått	stehen – stand – gestanden
supa – söp – supit	saufen – soff – gesoffen
tvinga – tvang – tvungit	zwingen – zwang – gezwungen
(auch schwach!)	

veta – visste – vetat   wissen – wußte – gewußt
vinna – vann – vunnit   gewinnen – gewann – gewonnen
växa – växte – vuxit (växt) wachsen – wuchs – gewachsen
äta – åt – ätit   essen – aß – gegessen

Sachverzeichnis